北京高等教育精品教材

北大版·普通高等教育"十三五"规划教材
全国高等院校财经管理类教材

工商企业管理实训教程

主　编　任广新

副主编　闫　岩

参　编　于家姝　姚一雯　曹　杨
　　　　刘聚梅　关永娟　张贵平

内 容 简 介

本书以管理与管理学的基础知识回顾为切入点,以模拟企业为训练平台,以项目为导向,将决策、计划、组织、激励、沟通、领导、控制、创新、组织文化和创业策划等管理职能作为项目训练的基本内容,共设置十七个项目。

书中针对应用型和技能型人才培养的特点,以实用够用为原则,以"理论回顾+案例分析+项目操作+游戏体悟+实际走访+辩论互动"一体化为特色,通过模拟企业开展一系列项目活动,提高学生的管理基本能力和素质。每一个实训项目分为三部分,第一部分是基础理论知识(概述),第二部分是案例分析,第三部分是实训操作,其中实训操作包括模拟实训、管理游戏、参观走访和辩论互动四个模块,强化学生对管理知识的理解和应用,方便教师教学安排与指导。

本书可以作为高职高专院校、成人高校、应用型本科学生管理实训的教材,同时也可以作为管理类教师讲授管理学课程的参考或辅助实训教材。

图书在版编目(CIP)数据

工商企业管理实训教程/任广新主编. —北京:北京大学出版社,2012.9
(全国高等院校财经管理类规划教材)
ISBN 978-7-301-21164-9

Ⅰ.①工… Ⅱ.①任… Ⅲ.①工商企业—企业管理—高等学校—教材 Ⅳ.①F276.4

中国版本图书馆 CIP 数据核字(2012)第 202818 号

书　　　　名:	工商企业管理实训教程
著作责任者:	任广新　主编
策 划 编 辑:	温丹丹
责 任 编 辑:	温丹丹
标 准 书 号:	ISBN 978-7-301-21164-9/F·3318
出 版 发 行:	北京大学出版社
地　　　　址:	北京市海淀区成府路 205 号　100871
网　　　　址:	http://www.pup.cn
电 子 信 箱:	zyjy@pup.cn
电　　　　话:	邮购部 010-62752015　发行部 010-62750672　编辑部 010-62756923
印 刷 者:	天津和萱印刷有限公司
经 销 者:	新华书店
	787 毫米×1092 毫米　16 开本　11 印张　260 千字
	2012 年 9 月第 1 版　2022 年 7 月第 5 次印刷
定　　　价:	34.00 元

未经许可,不得以任何方式复制或抄袭本书之部分或全部内容。
版权所有,侵权必究
举报电话:(010)62752024　电子信箱:fd@pup.pku.edu.cn

前　言

管理学是一门专业基础课,本书全面揭示了管理理论的基本思路与方法论;同时,也很注重理论与实践的结合,通过实训活动培养学生运用管理理论的科学性与艺术性的相关方法来分析和解决实际问题的能力,培养学生良好的职业态度与管理素养。将企业中涉及的相关管理活动引入教学课程中,为学生将来从事管理者或被管理相关工作打下良好的铺垫,提升学生计划、组织、领导、沟通、谈判、协调与控制等管理能力,并使其能正确地分析问题、解决问题,为学生将来就业后可持续发展奠定基础。

本书以项目为导向,结合企业工作任务情况,对教材、教法、实训、实践内容进行了全面的革新,以"管理角色、环境分析、决策、计划、组织、领导、沟通与控制"等管理基础理论为指导,以"大学生分组模拟创建的公司"为管理平台,以十七个项目为主线,通过回顾和掌握管理学基本理论,先进行案例分析,再进行实训项目操作,同时选择适当的管理以游戏、参观走访和辩论赛的实训手段,有针对性地训练学生从公司创建到公司运营过程中的管理技能。

本书具体项目架构图如下。

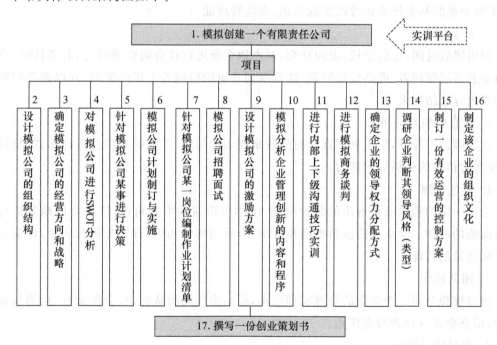

一、教学目标

1. 通过对本课程的学习,让学生掌握管理基础知识,树立现代管理思想与理念,熟悉收集各种信息的方法,具备一定的分析解决问题的能力。

2. 重点培养学生决策、计划、组织、领导、沟通与控制的能力。

3. 通过实训,训练学生以团队协作的形式,通过一系列典型的模拟实际工作项目任务提高综合管理素质,培养科学严谨、求真务实的工作作风,培养学生成为一名合格的领导者必备的技能和能力,缩小学校与社会的距离,使其在未来的岗位工作中能充分地发挥自己的才能。

4. 在教师的引导下,让学生自己动手,注重分析和实际操作技能,训练学生熟练掌握管理理论的应用技能,也是本课程实训教学的一个重要目标。

二、教学方式

本课程以模拟公司运营与管理、社会调查、信息收集与分析、角色扮演、团队协作、项目成果评比等实训形式,作为提高学生综合管理素质的有效手段。

1. 模拟公司运营与管理

在教师指导下,由班长统一给班级分成小组,每组6~8人,成立模拟公司,以便在每项实训任务中有一个很好的管理平台。每位同学在学完这门课程后,通过参与模拟公司的管理,了解企业的基本任务和管理实践知识,提高管理能力。

2. 社会调查

利用课后时间,走出学校,走向社会,对本地企业进行社会调查或研究,有条件时,直接访问企业高层管理者,提高发现问题、统筹规划及组织协调等工作的能力,并以报告的形式把调查内容总结出来。

3. 信息收集与分析

在教师的引导下,学生利用课余时间收集所需的信息,并能够对信息进行筛选、统计分析,提高对信息的分析应用能力。

4. 角色扮演

给出一定的情景或要解决的管理问题,由学生扮演其中的角色,设身处地地分析与解决所面临的问题。学生从扮演角色的角度出发,运用所学知识,自主分析与决策,以提高学生实际决策的技能。

5. 团队协作

通过模拟公司一个学期的管理实训活动,提高学生的团队意识、合作精神、沟通与协调能力,增强企业管理者的责任感。

6. 项目成果评比

在事先收集资料的基础上,针对特定任务在课堂或课余时间由小组共同完成;然后对实训项目进行课堂展示、讨论、评比,锻炼学生解决问题的能力,提高绩效考核意识。

三、编写说明

本书由任广新制定总体架构并组织编写，闫岩为副主编，负责相关框架结构和编写的完善工作。具体实训项目内容编写人员分工如下：实训一由于家姝编写，实训二、十二、十六由姚一雯编写，实训三由曹杨编写，实训四～六由任广新编写，实训七、十三由刘聚梅编写，实训八～十一由闫岩编写，实训十四、十五由关永娟编写，实训十七由张贵平编写。

感谢渤海大学张满林教授、北京吉利大学敖文教授的指导，以及北京吉利大学商学院副院长宋丽群教授的支持。因时间关系，本书难免有不当之处，编者会根据实际教学情况不断修整，希望读者批评、指正，以期完善。

编 者

2012 年 8 月

目 录

实训一　模拟成立有限责任公司 …………………………………………………… (1)

实训二　设计模拟公司的组织结构 ………………………………………………… (9)

实训三　确定模拟公司的经营方向和战略 ………………………………………… (17)

实训四　对模拟公司进行 SWOT 分析 …………………………………………… (28)

实训五　针对模拟公司某事进行决策 ……………………………………………… (36)

实训六　模拟公司的计划制订与实施 ……………………………………………… (44)

实训七　针对模拟公司某一岗位编制作业计划清单(时间管理) ………………… (52)

实训八　模拟公司招聘面试 ………………………………………………………… (62)

实训九　设计模拟公司的激励方案 ………………………………………………… (71)

实训十　模拟分析企业管理创新的内容和程序 …………………………………… (79)

实训十一　基于模拟公司进行内部上下级沟通技巧实训 ………………………… (87)

实训十二　基于模拟公司进行模拟商务谈判 ……………………………………… (96)

实训十三　确定企业的领导权力分配方式 ………………………………………… (104)

实训十四　基于调研企业判断其领导风格(类型)实训 …………………………… (114)

实训十五　基于模拟公司制订一份有效运营的控制方案 ………………………… (124)

实训十六　基于模拟公司制定该企业的组织文化 ………………………………… (132)

实训十七　撰写一份创业策划书 …………………………………………………… (143)

参考文献 ……………………………………………………………………………… (167)

实训一

模拟成立有限责任公司

第一部分 基础理论知识

通过了解企业的相关知识,掌握成立有限责任公司的必备条件和流程,基础理论知识回顾如下。

一、公司制企业和非公司制企业

公司制企业是指采用公司制形式的企业。根据我国《公司法》的规定,公司制企业的主要形式是有限责任公司、股份有限公司。有限责任公司是指由 50 人以下的股东共同出资设立的,每个股东以其出资额为限,公司以其全部资产为限对企业债务承担有限责任的经济组织;股份有限公司是指由 2 人以上 200 人以下股东为发起人,通过发行股票筹资设立,股东以其认购股份金额为限,公司以其全部资产为限对公司债务承担有限责任的企业法人。

非公司制企业是指不采用公司形式的企业。个人独资企业、合伙企业属于非公司制企业。个人独资企业是指由一个自然人投资,财产属于投资人个人所有,投资人以其个人财产对企业债务承担无限责任的经营实体;合伙企业,是指自然人、法人和其他组织依照《中华人民共和国合伙企业法》在中国境内设立的普通合伙企业和有限合伙企业。

二、有限责任公司的设立条件

（一）股东资格合法,符合法定人数

有限责任公司的出资股东资格合法,人数在 50 人以下。

（二）股东出资达到法定资本最低限额

《公司法》规定,有限责任公司注册资本的最低限额为人民币 3 万元。法律、行政法规对有限责任公司注册资本的最低限额有较高规定的,从其规定。注册资本可以分期缴纳,首次出资额不得低于注册资本的20%,也不得低于法定注册资本的最低限额,其余部分由股东自公司成立之日起2年内缴足;投资公司可以在5年内缴足。

股东可以用货币出资,也可以用实物、知识产权、土地使用权等可以用货币估价并可以依法转让的非货币财产作价出资;但是,全体股东的货币出资额不得低于有限责任公司注册资本的30%。

（三）股东共同制定公司章程

有限责任公司的章程由股东共同制定,是公司设立必备的书面文件,包括法定内容和任意内容。

（四）有公司名称,建立符合有限责任公司要求的组织机构

有限责任公司的名称应符合《企业名称管理办法》的一般规定,必须标有"有限责任"或"有限"字样;并且建立符合公司运作规范的组织机构。

（五）有公司住所、经营场所

有限责任公司以其主要办事机构所在地为公司住所,通常是公司章程载明的地点,具有公示效力,任何时候,公司住所只有一个。公司经营场所是指公司从事经营活动的机构,可以与公司住所分离,也可以有多个经营场所,具体可查阅《中华人民共和国民法通则》。

三、有限责任公司的设立流程

（一）前期准备工作

有限责任公司的前期准备工作包括决定欲投资或经营的项目,选择合作伙伴,为公司选定办公地点等。

（二）订立公司章程

有限责任公司章程由全体股东起草并审核同意后,在上面分别签名、盖章。

（三）出资人缴纳出资

股东按照公司章程,缴纳各自的出资。股东以货币出资的,应当将货币存入有限责任公司在银行开设的账户;以非货币出资的,由各自的评估机构进行评估作价,然后依法办理其财产权的转移手续。

（四）验资

股东所认缴的资本全部缴足后,必须经会计师事务所检验并出具验资证明。

（五）办理设立登记

办理设立登记阶段分为两个步骤。

1. 公司名称预先核准

有限责任公司股东代表或共同委托的代理人应将拟设立公司名称向公司登记机关提出申请,登记机关经审核后,发给《企业名称预先核准通知书》。

2. 申请设立登记

有限责任公司向工商行政管理机关申请设立登记,并提交相关书面材料。

（六）办理税务登记

有限责任公司在领取《企业法人营业执照》之日起 30 日内，到企业住所地的税务机关办理税务登记。

（七）开立银行结算账户，并将其存款账号报告给税务机关

有限责任公司填写账户开立申请书，出具《企业法人营业执照》等相关文件，银行经审核无误后办理开户手续，并出具开户登记证。公司将其存款账号报告给税务机关，以便税务机关对公司纳税进行监督。

第二部分　案例分析

案例一　企业自挂"公司"招牌案

王鹏与张新合伙在县城郊区开办了一家榨油厂，半年下来获利可观，次年便到工商管理机关以 10 万元注册资金用"长源榨油厂"名称申请了工商登记，并取得了营业执照。2011 年 10 月在未经批准登记的情况下，将原厂牌换为"××省长源油业有限责任公司"的牌子，二人分别以"公司"董事长和总经理名义印制了精美的名片，从事收购油桐籽、榨油和销售一条龙服务。

2012 年 2 月，他们收下外省一家企业 5 万元定金后，由于行情变化未能按时交货，被对方诉上法庭。法庭在审理中发现，他们的企业不具备公司法人的条件，未经工商登记，实为两人合伙的非法人企业。法院在判令他们承担违约责任的同时，依法向工商机关提出司法建议。

当地工商机关经调查，发现王鹏与张新所设立的企业实质为合伙企业，对于企业的债务应由两人承担无限连带责任，而不能以"有限责任公司"为保护伞仅承担有限责任。所以，王鹏与张新不仅要对原告承担未能按时交货的民事责任，工商行政管理机关还对他们做出责令改正企业名称，并罚款 1 万元的处罚决定。

（资料来源：赵旭东.新公司法案例解读[M].北京：人民法院出版社，2005：6，略有改动。）

思考题

1. "长源榨油厂"为什么不能冠以"××省长源油业有限责任公司"的名称？

2. 如果"长源榨油厂"想改制为"××省长源油业有限责任公司"，在设立上需要满足什么条件？

案例二　中华啤酒有限责任公司设立案例

2011年8月,华坤商业公司、威鹏商贸公司和中原实业公司三家企业达成协议,决定共同投资,成立一家从事啤酒生产的公司。在确定成立新公司后,华坤商业公司草拟了公司章程。为扩大影响,新公司名称定为"中华啤酒有限责任公司",公司章程经三家企业审核后予以认可。

章程中确定新公司的注册资本为130万元,其中,华坤商业公司以货币出资40万元;威鹏商贸公司以专利技术作价30万元,劳务作价10万元;中原实业公司以该公司的商标和商业信誉出资,商标作价30万元,商业信誉估价20万元。

这些出资中,货币出资已经存入中华啤酒有限责任公司筹备处在银行的账户,基于公司股东间的信任,威鹏商贸公司的专利技术和中原实业公司的商标没有办理相关转让手续,只是约定专利技术和商标归中华啤酒有限责任公司使用。然后中华啤酒有限责任公司筹备处委托某会计师事务所进行验资,会计师事务所验资后出具了验资证明。

同年9月,中华啤酒有限责任公司筹备处向市工商管理局申请设立登记,并向其提交了公司登记申请书、公司章程、验资证明等文件。市工商局经审查后认为,公司在设立中存在不符合法律规定之处,因此不予登记,要求予以改正后再重新申请设立登记。

(资料来源:根据于家姝主编的《企业法律概论》校内讲义案例内容整理而成)

思考题

1. 中华啤酒有限责任公司的名称是否符合法律规定?请说明理由。
2. 中华啤酒有限责任公司的股东出资是否符合法律规定,为什么?
3. 中华啤酒有限责任公司在设立流程中有不符合法律规定之处吗?请说明理由。

第三部分　实训操作

一、模拟实训

(一)实训项目

成立一家有限责任公司。

(二)实训目的

通过这项实训活动,可以让学生掌握设立有限责任公司所应具备的条件,同时能够熟悉申请创办的具体流程。

(三)实训方式

以小组为单位,采取角色模拟的实训方式,利用教学时间,在班级课堂内进行。

（四）实训内容

（1）采取自愿或指定方式，分别确定一名工商管理局的工作人员、房屋评估人员、非专利技术评估人员、会计师事务所的会计师以及银行和税务局的工作人员。

（2）可以让学生自愿组合，每组分别成立一家有限责任公司。

（3）每个小组按照有限责任公司设立的流程，开始具体模拟操作，成立模拟公司，给公司起名、拟定地点、经营范围、注册资金、设计一个标识等。

（4）每个小组把设立过程准备的各种书面材料，填写的表格及最终取得的营业执照、银行开户证明和税务登记证上交。

（五）实训总结与评估

（1）由教师找4名学生做评委，给每组打分，并说出打分的理由。（满分100分）

（2）由教师根据综合情况给每组加减分，评出名次。

（3）教师做出点评，并总结本次实训得失。

（六）实训样例

北京腾达高科技有限责任公司的设立
（拟定公司名称）

李龙、张雷和王浩是北京市某重点大学计算机专业的学生，2011年7月大学毕业，三个好朋友经过相互协商，并且在和家里人沟通之后，决定自己创业。

1. 三人经过市场调研和考察后，决定利用自己的专业优势，建立一家从事软件设计及相关产品开发的公司，把公司的名称暂定为北京腾达高科技有限责任公司，并把公司办公地点选定在海淀区的上地，并租了间写字楼。

2. 张雷起草了公司章程，三人分别在章程上签字、盖章。

3. 三人到上地所属的海淀区工商管理局办理公司名称的预先核准。

4. 公司名称通过海淀区工商管理局的核准后，填写公司申请设立登记表，办理公司登记手续。

5. 按照公司章程规定，张雷出资5万元，王浩出资3万元，李龙出资3万元，一共11万元的资金存在海淀区工商管理局指定的工商银行的临时账户里，银行开立了入资证明。

6. 拿着银行开立的入资证明找了一家会计师事务所，进行了验资，并拿到了验资证明。

7. 上述手续办完后，2011年8月初的一天，三人把填好的公司登记申请表以及三人的身份证件、公司章程、银行的入资证明、会计师事务所的验资证明、所租写字楼的产权证明复印件等相关书面材料，一并交到了海淀区工商管理局。

8. 一周后，他们顺利拿到了海淀区工商管理局颁发的《企业法人营业执照》。

9. 拿到营业执照的第二天，李龙拿着相关材料，到工商银行开立了银行存款账户。

10. 8月中旬，王浩到海淀区地税局办理了税务登记手续，拿到了税务登记证。北京腾达高科技有限责任公司正式开业经营了。

二、管理游戏

游戏一 勇于承担责任

【项目简介】

游戏目的:通过本项目的实施,可以形象地感受出勇于承担错误、承担责任在工作中的重要性,并展开思考。同时,能调节气氛,融合团队。

人数:全班同学。

时间:15～20分钟。

场地:班级教室。

【训练步骤】

(1) 全班同学相隔一臂站成几排(视班级人数而定)。

(2) 教师喊一时,向右转;喊二时,向左转;喊三时,向后转;喊四时,向前跨一步;喊五时,不动。

(3) 当有人做错时,做错的人要走出队列,站到大家面前先鞠一躬,举起右手高声说:"对不起,我错了!"

(4) 提示游戏结束,请大家回到座位。

【相关讨论】

(1) 如何看待错误?

(2) 当你做错事情的时候,是否愿意主动承认自己的错误?

(3) 你是否愿意为自己的错误承担责任?

【游戏总结】

(1) 面对错误时,大多数情况下没人愿意承认自己犯了错误;少数情况下有人认为自己错了,但没有勇气承认,因为很难克服心理障碍;极少数情况下有人站出来承认自己错了。

(2) 人无完人,孰能无错?我们需要尽可能地主动承认错误,勇于承担责任,才能使管理工作得到改善。

游戏二 全体离地

【项目简介】

游戏目的:让同学们体会自己的团队在接到任务后,如何进行计划、分派工作、沟通及合作,以最快的方法来完成。

人数:12人为一组最佳。

时间:30分钟。

场地:不限。

用具:9根粗竹子,9条小白绳。

【训练步骤】

(1) 教师发给每组9根粗竹子和9条小白绳。

(2) 该小组必须在20分钟内建起一个架构,该架构可以使全体的组员都同时离地3

分钟。

【相关讨论】
（1）你们的小组是怎样开始行动的？有没有事先收集最好的建议？
（2）是否每位组员都参与了整个过程，并对所需要执行的任务很清楚？
（3）在配合过程中都出现了什么问题，你认为应该怎样进行改进？

【游戏总结】
（1）完成一项工作前必须进行事先的准备工作，要听取多方建议，并形成行动方案。
（2）在行动过程中，要随时进行沟通与合作，对出现的问题进行及时改进，才能保证方案的顺利实施。

三、参观走访

【走访对象】
所在地的区级工商管理部门。

【实训目的】
了解有限责任公司注册的相关程序。

【实训内容】
（1）面对工商部门工作人员能够进行有效的沟通。
（2）在不影响工作人员工作的前提下了解公司注册登记流程。

【实训组织】
（1）全班同学分3个小组，由组长带队分别行动。
（2）预先与走访对象取得联系。
（3）每组专人负责做好走访资料的搜集。

【实训要求】
每组提交一份走访情况总结。

【实训考核】
教师对学生的走访情况总结进行批阅打分，并加以总结。

四、辩论互动

【题目】
公司章程可有可无吗？

【实训目的】
（1）了解公司章程在公司成立以及运营中的重要性。
（2）依照成立公司的实际情况起草公司章程。

【实训内容】
（1）论述公司章程的主要内容。
（2）论述公司章程的重要性。

【方法与要领】

(1) 全班分正方与反方两组展开辩论。

(2) 正方持"公司章程是非常重要"的观点进行论述。

(3) 反方以"公司章程不过是形式文件,可有可无"的观点反驳正方论点。

(4) 正、反双方在辩论中,既要回答对方的提问,又要向对方提出疑难问题,要求答辩。

(5) 正、反双方举例鲜明生动,分别形成简要的书面辩论材料,呈报教师或评委。

【成绩测评】

由教师、学生或邀请管理专家组成评委组评判辩论结果。

实训二

设计模拟公司的组织结构

第一部分 基础理论知识

通过回顾管理学的相关知识,进一步掌握组织结构的设计方法。相关基础知识回顾如下。

一、组织结构及影响组织结构设计的因素

组织结构是决定员工如何运用资源达到组织目标的任务与报告关系的正式系统。组织结构的本质是成员间的分工协作关系。

一般来说,影响组织结构设计的因素主要有4个:组织环境、战略、技术、人力资源。

二、组织结构设计的原则

(1) 目标、任务原则;

(2) 专业分工与协作原则;

(3) 指挥统一原则;

(4) 有效管理幅度原则;

(5) 集权与分权相结合原则;

(6) 责、权、利相结合原则;

(7) 稳定性和适应性相结合原则;

(8) 决策执行和监督机构分设原则;

(9) 精简高效原则。

三、组织设计的基本程序

(1) 确定组织总体目标和设计的原则；
(2) 进行工作分析和设计职权关系体系；
(3) 设计组织结构；
(4) 制定管理制度规范体系；
(5) 设计信息沟通方式；
(6) 人员配备与开发；
(7) 组织协调与变革。

四、组织的横向结构设计

1. 部门划分的原则

(1) 有效性原则；(2) 专业化原则；(3) 满足社会心理需要原则。

2. 部门划分的方法

(1) 按人数划分部门；(2) 按生产经营过程划分部门；(3) 按产品划分部门；(4) 按职能划分部门；(5) 按区域划分部门；(6) 按时间、设备、服务对象划分部门。

五、组织的纵向结构设计

1. 管理幅度与管理层次

给定条件下，管理幅度与管理层次之间存在反比关系。

2. 组织的高层(高耸式)结构、扁平结构

(1) 高层结构的优点是：有利于控制，权责关系明确；有利于增强管理者权威，为下级提供晋升机会。缺点是：增加管理费用，影响信息传输，不利于调动下级积极性。

(2) 扁平结构的优点是：有利于发挥下级积极性和自主性，有利于培养下级管理能力，有利于信息传输，节省管理费用。缺点是：不利于控制，对管理者素质要求高，横向沟通与协调难度大。

六、组织结构类型介绍

常见的组织结构的类型有：直线制、职能制、直线-职能制、事业部制、矩阵制、战略联盟与网络制。详细介绍见管理学相关教材，常见的组织结构模式比较分析见表2-1。

表2-1 组织结构模式比较分析

组织结构类型	组织结构的优点	组织结构的缺陷	适用企业类型
直线结构	1. 命令统一 2. 权责明确 3. 组织稳定	1. 缺乏横向联系 2. 权力过于集中 3. 对变化反应慢	小型组织 简单环境

续表

组织结构类型	组织结构的优点	组织结构的缺陷	适用企业类型
职能结构	1. 高专业化管理 2. 轻度分权管理 3. 培养选拔人才	1. 多头领导 2. 权责不明	专业化组织
直线-职能结构	1. 命令统一 2. 职责明确 3. 分工清楚 4. 稳定性高 5. 积极参谋	1. 缺乏部门间交流 2. 直线与参谋冲突 3. 系统缺乏灵敏性	大中型组织
事业部结构	1. 有利于回避风险 2. 有利于锻炼人才 3. 有利于内部竞争 4. 有利于加强控制 5. 有利于专业管理	1. 需要大量管理人员 2. 企业内部缺乏沟通 3. 资源利用效率较低	大中型、特大型组织
分权结构	1. 权责一致 2. 自我管理 3. 中度分权	1. 分权不彻底 2. 沟通效率低 3. 素质要求高	高度规模集中型组织
矩阵结构	1. 密切配合 2. 反应灵敏 3. 节约资源 4. 高效工作	1. 双重性领导 2. 素质要求高 3. 组织不稳定	协作性组织 复杂性组织

第二部分 案例分析

案例一 联想集团的组织结构调整案例

1. 联想简介

联想是一家极富创新性的国际化的科技公司,作为全球个人电脑市场的领先企业,联想从事开发、制造并销售最可靠的、安全易用的技术产品及优质专业的服务,帮助全球客户和合作伙伴取得成功。联想的总部设在美国北卡罗来纳州的罗利,在全球66个国家拥有分支机构,在166个国家开展业务,拥有超过25 000名的员工,年营业额达146亿美元,并建立了以中国北京、日本东京和美国罗利三大研发基地为支点的全球研发架构。

2. 联想集团组织结构的变迁

(1) 1984—1987年期间。1984年,柳传志带领的10名中国计算机科技人员以20万元人民币的启动资金在北京一处租来的传达室中开始创业。创业之初,联想并没有设定规范的组织结构,公司的员工在柳传志的带领下进行简单的分工协作,联想采用"平底快船"的管理模式,是最简单的直线制组织结构。

(2) 1988年,联想集团提出实施海外发展战略,提出"大船结构"管理模式,特点是:高层参考各类专家和智囊团的意见进行正确决策,实行"集中指挥、分工协作",实行目标管理和指令性工作方式,是典型的直线-职能制组织结构。

(3) 20世纪90年代,中国计算机业被迫与国际企业展开激烈竞争,联想提出了"舰队结构"管理模式,即采用事业部制组织结构,强调集权与分权相结合,事业部对产、供、销各环节进行统一管理,享有经营决策权、财务支配权和人事管理权。

(4) 2001—2004年,联想采用了矩阵式的组织结构,联想将业务领域包括PC、金融服务、软件开发、阳光服务等,很多业务以项目的形式开展,因此联想建立了矩阵式的组织结构,以求能实现各事业部、各项目之间的资源共享与交流,提高公司的内部管理能力和对外竞争力。

(5) 2004年开始,联想出售了非PC业务,斥资收购了IBM的PC业务,将PC作为其核心业务,在全球进行扩张,采用了战略联盟和网络结构的形式。联想电脑的零部件生产、组装、销售等很多环节都交给合作伙伴来完成,联想专注于品牌的宣传和销售规划,建设国际化的联想。

联想集团随着外部环境和自身情况的变化不断调整自己的组织结构,以求实现最佳的管理效率和管理效果。

(资料来源:参考联想集团官网信息改编而成)

思考题

1. 从1984年至今,联想的组织结构历经5次大变迁,联想组织结构变革的主要原因是什么?
2. 矩阵式组织结构的优缺点是什么?在采用矩阵式组织结构时,应注意哪些问题?

案例二 劲酒厂的组织结构调整

湖北省大冶市劲酒厂是一家经营多年的国营小酒厂。1990年将"劲酒"投入市场,当时的市场范围主要在湖北省当地和东南沿海地区,销量获得了稳步的增长。面对中国酒品市场的日益壮大,1995年劲酒厂提出"到2000年将'中国劲酒'树立为中国保健酒第一品牌"的目标。但是如何打造中国保健酒第一品牌?劲酒厂于1995年开始了与长城战略咨询公司的长期合作。

1. 旧体制的主要障碍

营销体制的主要障碍。长城战略咨询公司经过诊断发现劲酒厂在营销方面存在如下问题:营销队伍规模太小,而且缺乏培训;营销的职能管理几乎是空白。全厂的营销信息全部集中在一位营销副厂长手中,没有厂一级营销管理机构,东南、华东、华中三个大区市场部,均无固定的办公或联络机构。营销管理的基础工作十分薄弱,需要把加强营销能力作为全厂工作的重点。

内部管理体制的障碍。1995年的劲酒厂反映了计划经济条件下生产导向型企业的特点,部门责权不清、职能管理的专业化水平不高、缺乏协调和综合能力等弊端暴露无遗,严重妨碍了企业的生存和发展。

2. 在组织结构方面的主要调整措施

在长城战略咨询公司的协助下,劲酒厂进行了大幅度的结构和职能调整。企业内部最基础的职能是:市场营销、人力资源、生产、财务、技术和行政。企业为这六大职能设立了相应的总部和总部主任,改革或重组了原有职能部门,逐步建立与完善了企业的六大职能管理系统,以完善营销组织、重组行政管理、强化财务和采购职能、建立人力资源管理、健全技术管理职能、实现生产管理职能的现代化。

该战略规划实施之后,公司销售额指数增长,"劲酒"品牌也在2000年被认定为国家重点保护商标,成为真正的名牌,公司成为中国最大的保健酒公司。

(资料来源:http://www.gei.com.cn 长城战略咨询公司经典案例,有修改)

思考题

1. 劲酒厂在进行组织变革时,主要围绕哪几个方面对组织结构进行了调整?
2. 组织协调与变革中有哪些注意事项?

第三部分 实训操作

一、模拟实训

(一)实训项目

设计模拟公司的组织结构。

(二)实训目的

(1) 通过这项实训活动,可以培训学生掌握组织结构的基本类型;
(2) 熟悉组织和组织职能,组织结构设计的影响因素,组织结构设计的原则;
(3) 了解职权的分配方法与内容。

(三)实训要求

1. 基本要求

(1) 基于实训一设立的有限公司,进行组织结构的建立;
(2) 确定有哪些部门、岗位及相应人员数量;
(3) 选举公司总经理;
(4) 确定本公司的组织结构模式和领导体制;
(5) 由总经理任命本公司各成员的职位,并确定分工;
(6) 写出每个部门的工作职责及人员安排。

2. 具体情景

根据下面的情景,决定组织设计的最佳方案,画出基本的组织结构图。

起步阶段:假如拟创的公司现在有 15 名以下员工。

发展阶段:假如拟创的公司现在有 100 名以下员工。

扩张阶段:假如拟创的公司现在有 1000 名以上员工。

(四)实训步骤

(1)教师组织这一章,留下实训任务,并进行讨论设计其公司组织结构;

(2)以小组为单位,派一名学生为全班同学展示,时间不超过 10 分钟;

(3)学生进行讨论分析,由学生评委打分。

(五)实训总结与评估

(1)由教师找 4 名学生做评委,给每组打分,并说出打分的理由。(满分 100 分)

(2)每组分数加总后平均。

(3)由教师再根据综合情况给每组加减分,进行点评,评出前三名。

(4)教师做出总结与点评。

(六)实训样例

北京学习通有限公司
(拟定公司名称)

北京学习通有限公司于 2009 年 9 月由在校学生创办,注册资金 5 万元,学生利用业余时间进行学习用品的销售,是大学生实践的一个良好平台。

公司理念:打造兴帮助教企业的品牌,成就学子轻松掌握知识的梦想。

经营范围:主要从事学习用品的销售。

现经营产品:目前学习机产品的销售。

公司人数:15 人,其中,总经理 1 人,员工 14 人。

公司目标:3 年内实现销售额 500 万,实毛利为 150 万元。

人员配置:总经理,公司初创拟聘 14 名员工,采用直线-职能制结构;总经理下设财务部,由 2 人负责;采购部(含售后服务)2 人;销售部 10 人,分别是销售一部,由 4 人负责小学,销售二部,由 3 人负责中学,销售三部,由 3 人负责大学市场销售工作。

组织结构图:如图 2-1 所示。

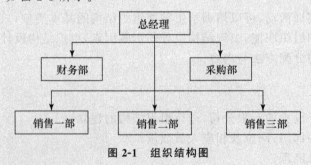

图 2-1 组织结构图

1. 岗位职责:略。
2. 工作流程:略。

(自编)

二、管理游戏

游戏一　包鸡蛋看分工

【项目简介】

游戏目的:该游戏引导学生分工、合作,体验组织结构、部门分工的重要性。

时间:20~30分钟。

场地:不限。

用具:生鸡蛋5个,吸管100根,透明胶带5卷,裁纸小刀5个。

【训练步骤】

(1) 教师讲述游戏规则:全班同学自由结合分成5组,每组获得一样多的物品(生鸡蛋、吸管、透明胶带和裁纸小刀),给各组15分钟的时间处理所得物品;最后让各组的生鸡蛋从3米高处自由落下,鸡蛋不破碎的小组获胜。

(2) 各组创建团队,率先创建完的小组可优先挑选物品。

(3) 各组进行任务分工、决策、实施等工作,对生鸡蛋进行处理。

(4) 教师对各组"成果"进行实地检验。

(5) 请失败和成功小组分享自己的经验和教训。

【相关讨论】

(1) 在该项游戏中,有哪几项工作?为什么有的小组很快就退出游戏了?

(2) 你是如何对本组成员进行分工的?

(3) 本组成功(失败)的原因是什么?

【游戏总结】

1. 管理的首要工作就是科学分工,在任何一个组织或部门之中,团队如何分工与协作都是非常重要的。

2. 创造性思维需要有丰富的想象,创造性思维是分工协作成功出奇制胜的法宝。

3. 领导者的作用是很大的,领导者的情绪决定了团队的情绪,而情绪决定了工作效率。

游戏二　如果我当班主任

【项目简介】

组织需根据内外环境条件设计组织结构,结合组织结构特点确定组织中各部门的工作范围和合作方式,给学生一个真实、熟悉的场景,让学生进行组织架构。

游戏目的:鼓励学生利用所学知识设计组织机构。

时间:15分钟。

场地:不限。

用具:卡片或白纸若干。

【训练步骤】

(1) 给每位同学发卡片或一张白纸,教师讲解游戏规则:假定学生现在是本班班主任,要对班级建制进行重组和架构。

(2) 邀请三位同学讲解自己的组织改革内容和原因。

(3) 其他同学点评。

(4) 教师进行总结、点评。

【相关讨论】

(1) 影响本班组织结构的因素有哪些?

(2) 你认为影响班级管理结构的最重要因素是什么(只能选一个因素)?

【游戏总结】

组织结构会因环境、人才的变化而变化。

三、参观走访

【走访对象】

企业的部门主管或者资深老员工(在该企业工作三年以上)。

【实训目的】

了解企业的组织结构及各部门的工作范围。

【实训内容】

(1) 哪些因素影响该企业的组织结构选择?

(2) 部门划分的方法。

(3) 组织顺利运行的注意事项。

【实训组织】

(1) 全部学生分 4~6 个小组,由组长带队分别行动。

(2) 预先与走访对象取得联系,每组联系部门主管或资深老员工。

(3) 每组专人负责做好走访资料的搜集。

【实训要求】

(1) 和部门主管或资深主管交流,了解公司组织类型、部门划分和运行方式等。

(2) 每人写一篇走访小结。

【实训考核】

教师对学生的走访心得进行批阅打分,并选出优秀心得在全班进行交流与学习。

四、辩论互动

【题目】

对大公司而言,事业部制结构优于矩阵结构。

【实训目的】

(1) 了解事业部制结构和矩阵组织结构的特征。

(2) 培养学生的语言表达能力。

【实训内容】

(1) 论述影响组织结构设计的因素。

(2) 论述事业部制结构和矩阵结构的优缺点。

(3) 探讨组织结构设计实践。

【方法与要领】

(1) 分正方与反方两组(每组 6 人),全班也可以分成若干小组进行组合。

(2) 正方持"在大企业采用事业部制结构优于矩阵结构"的观点。

(3) 反方以"在大企业采用矩阵结构优于事业部制结构"的观点反驳正方论点。

(4) 正、反双方在辩论中,既要回答对方的提问,也要向对方提出疑难问题,要求答辩。

(5) 正、反双方举例鲜明生动,分别形成简要的书面辩论材料,呈报教师或评委。

【成绩测评】

由教师、学生或邀请管理专家组成评委组评判辩论结果。

确定模拟公司的经营方向和战略

第一部分 基础理论知识

管理学的相关基础知识回顾如下。

一、五力分析模型

五力分析模型是迈克尔·波特（Michael Porter）于20世纪80年代初提出的，对企业战略的制定产生深远的影响。用于竞争战略的分析，可以有效地分析客户的竞争环境。"五力"分别是：供应商的讨价还价能力，购买者的讨价还价能力，潜在竞争者进入的能力，替代品的替代能力，行业内竞争者现在的竞争能力。

二、PEST 分析模型

PEST 分析是指宏观环境的分析，P是政治（Political System），E是经济（Economic），S是社会（Social），T是技术（Technological）。在分析一个企业所处背景的时候，通常是通过这四个因素来分析企业所面临的状况。

(1) 政治环境包括一个国家的社会制度，执政党的性质，政府的方针、政策、法令等。不同的国家有着不同的社会性质，不同的社会制度对组织活动有着不同的限制和要求。即使在社会制度不变的同一国家中，在不同时期，由于执政党的不同，其政府的方针特点、政策倾向对组织活动的态度和影响也是不断变化的。

(2) 经济环境主要包括宏观和微观两个方面的内容。宏观经济环境主要是指一个国家的人口数量及其增长趋势，国民收入、国民生产总值及其变化情况以及通过这些指标能够反映的国民经济发展水平和发展速度。微观经济环境主要是指企业所在地区或所服务地区的消费者的收入水平、消费偏好、储蓄情况、就业程度等因素,这些因素直接决定着企业目前及未来的市场大小。

(3) 社会文化环境包括一个国家或地区的居民教育程度和文化水平、宗教信仰、风俗习惯、审美观点、价值观念等。

① 文化水平会影响居民的需求层次;
② 宗教信仰和风俗习惯会禁止或抵制某些活动的进行;
③ 价值观念会影响居民对组织目标、组织活动以及组织存在本身的认可与否;
④ 审美观点则会影响人们对组织活动内容、活动方式以及活动成果的态度。

(4) 技术环境除了要考察与企业所处领域活动直接相关的技术手段的发展变化外,还应及时了解:

① 国家对科技开发的投资和支持重点;
② 该领域技术发展动态和研究开发费用总额;
③ 技术转移和技术商品化速度;
④ 专利及其保护情况等。

表 3-1 是一个典型的 PEST 分析中所涉及的具体项目。

表 3-1 PEST 分析中所涉及的具体项目

政治(包括法律)(Political)	经济(Economic)	社会(Social)	技术(Technological)
环保制度	经济增长	收入分布	政府研究开支
税收政策	利率与货币政策	人口统计、人口增长率与年龄分布	产业技术关注
国际贸易章程与限制	政府开支	劳动力与社会流动性	新型发明与技术发展
合同执行法、消费者保护法	失业政策	生活方式变革	技术转让率
雇用法律	征税	对工作与闲暇的态度、对职业的态度、对投资的倾向、对质量的态度、对服务的态度、对道德的关切	技术更新速度与生命周期
政府组织/态度	汇率	教育	能源利用与成本
竞争规则	通货膨胀率	潮流与风尚	信息技术变革
政治稳定性	商业周期的所处阶段	健康意识、社会福利及安全感	互联网的变革
安全规定	消费者信心	生活条件	移动技术变革

三、基本竞争战略

基本竞争战略有三种:成本领先战略、差异化战略、集中化战略。

企业一般从以下三种战略中选择一种,作为其主导战略:

(1) 要么把成本控制到比竞争者更低的程度;
(2) 要么在企业产品和服务中形成与众不同的特色,让顾客感觉到你提供了比其他竞争者更多的价值；

（3）要么企业致力于服务于某一特定的市场细分、某一特定的产品种类或某一特定的地理范围。

这三种战略架构上差异很大，成功地实施它们需要不同的资源和技能，由于企业文化混乱、组织安排缺失、激励机制冲突，夹在中间的企业还可能因此而遭受更大的损失。

每种战略根据其使用战术的不同，分成以下不同类型。

1. 成本领先战略的类型

成本领先战略也称为低成本战略，是指企业通过有效途径降低成本，使企业的全部成本低于竞争对手的成本，甚至是在同行业中最低的成本，从而获取竞争优势的一种战略。根据企业获取成本优势的方法不同，人们把成本领先战略概括为如下几种主要类型：

（1）简化产品型成本领先战略，即使产品简单化，将产品或服务中添加的"花样"全部取消；

（2）改进设计型成本领先战略；

（3）材料节约型成本领先战略；

（4）人工费用降低型成本领先战略；

（5）生产创新及自动化型成本领先战略。

2. 差异化战略的类型

所谓差异化战略，是指为使企业产品与竞争对手产品有明显的区别，形成与众不同的特点而采取的一种战略。这种战略的核心是取得某种对顾客有价值的独特性。企业要突出自己产品与竞争对手之间的差异性，主要有四种基本的途径。

（1）产品差异化战略。产品差异化战略的主要因素有：特征、工作性能、一致性、耐用性、可靠性、易修理性、式样和设计。

（2）服务差异化战略服务的差异化主要包括送货、安装、顾客培训、咨询服务等因素。

（3）人事差异化战略。训练有素的员工应能体现出下面的六个特征：胜任、礼貌、可信、可靠、反应敏捷、善于交流。

（4）形象差异化战略。形象就是公众对产品和企业的看法和感受，塑造形象的工具有：名称、颜色、标识、标语、环境活动等。

3. 集中化战略的类型

集中化战略也称为聚焦战略，是指企业或事业部的经营活动集中于某一特定的购买者集团、产品线的某一部分或某一地域市场上的一种战略。这种战略的核心是瞄准某个特定的用户群体，某种细分的产品线或某个细分市场。具体来说，集中化战略可以分为产品线集中化战略、顾客集中化战略、地区集中化战略、低占有率集中化战略。

第二部分 案例分析

案例一 进入网络游戏市场的五力模型分析

1. 网络游戏产业新加入者的威胁

新进入者进入游戏行业，必须通过自身研发新的具有一定特色的游戏或者通过购买其他游戏企业已有的游戏产品。首先，目前世界热门网络游戏的研发费用少则几百万美元，多则上亿美元；其次，现有网络游戏中，美国暴雪公司旗下的多款大型网络游戏、搜狐和网易旗下多款游戏、QQ游戏等网络游戏有较高的市场占有率和品牌忠诚度；最后，进入网络游戏产业前期需要注入大量研发费用，后期还需承担高昂的运营费用。更重要的是研发游戏产品的技术创新，这就要求新进入的公司拥有大量优秀的游戏产品研发人员。总而言之，进入游戏行业的风险大，壁垒高。

2. 现有竞争者之间的竞争程度

由于网络游戏的技术含量要求甚高，资金相对较大，竞争者也必须有着相应的能力才可以进入。网络游戏本身是一个高投入、高产出的行业，真正能在市场上立足的，只有在游戏设计开发上投入大笔资金、不断创新的企业，这样的企业才能保证理想的收益。

由于网络游戏的高利润，仍有大批企业跻身于此市场。借实业起家积攒起的温州民间资本，对互联网创新经济的关注度也越来越高，毛利率表现出众的网游行业是最热门的选择之一。可以说，目前的网游业发展资金严重过剩，它根本承载不了那么多资本。

据此，网游市场竞争之大可见一斑。

3. 替代产品的威胁

网络游戏产生的时间尚短，至今仍算新产品阶段，目前还看不到有替代产品的威胁。对于产品本身而言，最大的威胁来自于技术的快速更新。

4. 购买商讨价还价能力分析

购买商的转换成本较高，购买商想从甲公司的游戏转到乙公司的游戏，必须放弃原来游戏的账号及附带的装备，因此购买商的转换成本较高。购买商的权力被完全忽视或者说其能力几乎为零，交易双方的信息和力量对比完全不对称。

5. 供应商讨价还价能力分析

供应商的产品，无论从硬件还是软件上来看，都有国外的主要公司控制，主机服务器的主要部件(CPU、内存条等)、核心技术也是由主要几家公司控制。软件技术的游戏内容及维护技术，也是我国厂家占主导地位，因此国内网络游戏行业的供应商在价格条件上对购买商施加极大的影响。就目前来讲，国内游戏厂家的自主研发能力不足，因此供应商对买主行业构成前向一体化的威胁，购买商很难在购买条件上讨价还价。

因此，对于国内大多数网络游戏厂家来说，供应商的讨价还价能力极强；相反，网络游戏厂家讨价还价能力较弱。

(资料来源：http://wenwen.soso.com，有修改)

思考题

1. 进入网络游戏行业难度大吗?
2. 如果你做网络游戏运营商或开发商,应如何制定自己的战略?

案例二 向联合利华学习集中化战略

联合利华2002年决定将其在中国的食品零售营销网络转包给第三方公司——尤尼森营销咨询(上海)有限公司。联合利华公司计划首先在北京和石家庄进行如下试点:主要由第三方公司负责零售促销计划的实施、样品陈列、现场销售、订单处理等,而自己集中精力制订战略计划、管理主要客户及分销商。

集中化战略在联合利华得到了充分体现:一是企业集中化,1999年,把14个独立的合资企业合并为4个由联合利华控股的公司,使经营成本下降了20%,外籍管理人员减少了3/4;二是产品集中化,果断退出非主营业务,专攻家庭及个人护理用品、食品及饮料和冰淇淋等三大优势系列,取得了重大成功;三是品牌集中化,虽然联合利华拥有2000多个品牌,但在中国推广还不到20个,都是一线品牌;四是厂址集中化,2004年5至8月,通过调整、合并,减少了3个生产地址,节约了30%的运行费用。

这次将食品零售营销网络转包,可以说是营销环节集中化。实现营销环节集中化,把自己不擅长的零售营销转包出去,从而专心制订战略计划、管理主要客户及分销商,有利于迅速提高市场占有率和知名度,实现在华投资的战略目标。向第三方转包零售营销网络是集中化战略的又一重大创新。

企业无论大小强弱,能力、财力和精力都是有限的,在任何时候都不要拉长战线、分散资源,不要搞无原则的多元化,更不要盲目进入非擅长的领域。

(资料来源:http://esoftbank.com.cn/wz/67_10458.html,有修改)

思考题

1. 联合利华采取的是什么市场战略?
2. 集中化战略有什么优缺点?

第三部分 实训操作

一、模拟实训

(一)实训项目

确定初创公司的经营方向和战略。

(二) 实训目的

通过本实训活动,学生掌握通过五力分析模型,来确定是否要进入某一行业或某一市场;再通过PEST分析模型来确认模拟公司的经营方向和战略,是否合市场环境;最后制定正确的发展战略。经过此次实训使学生对今后的创业或管理实践具备其更有逻辑性和理智性思考问题的方法。

(三) 实训内容

(1) 基于实训一的初创公司,开始此实训活动。

(2) 利用课余时间,进行该公司相关市场调查,完善并进一步确定企业经营方向,并用五力模型分析。

(3) 用PEST分析模型进行分析,观察所处地区的市场环境是否适合选定的行业方向。

(4) 对初创的公司进行适当的战略规划,要求制定出短期、中期、长期的发展规划,形成战略规划报告。

(四) 实训总结与评估

(1) 所有组员轮流发言,介绍自己负责的那一部分。

(2) 以小组为单位,课堂交流与讨论。

(3) 由教师总结与点评。

(五) 实训样例

校园咖啡屋创业策划书

一、市场调查情况与市场分析

(一) 市场背景

喝咖啡是一种流行,同时喝咖啡也成了一种文化、一种情调和一种生活方式。随着咖啡文化的流行,校园也成了咖啡文化入驻的重要场所。咖啡厅已正在成为人们与人沟通和自我享受的一个重要场所,它的价值在于它能提供给消费者高层次的精神享受。咖啡不仅仅是一种饮料,也是一种氛围文化和生活追求。经济和社会的发展必然映射到校园中来,咖啡文化消费将在校园内兴起。

(二) 市场状况

目前,高校周边分布众多咖啡厅,纷纷瞄准了高校市场。以武汉大学为例,珞狮路一条街咖啡厅密集程度之高,是武汉其他地方不常见的,所以现在咖啡消费市场的竞争是非常激烈的。校外咖啡厅都把高校教师和学生作为自己潜在顾客的考虑和行动,但是并没有明确的细分和定位——他们不仅仅为高校师生提供咖啡。经营一家定位高校市场的校园咖啡厅,如何在激烈的竞争中胜出,需要综合考虑各种有利和不利的因素,发挥自己的优势,为顾客创造差异化价值,才能在校园市场切下一块自己的蛋糕。

二、企划方案

(一) 营销机会和威胁分析

S:地理上更接近受众,节省顾客时间成本,方便消费者;情感上校园咖啡厅更容易为消费者接受,甚至有些消费者本能地排斥校外商业气息浓厚的咖啡厅;易于结队消费,人群集中,易产生示范和模仿消费效应。

W:实力上不及校外咖啡厅雄厚,管理经验不足,影响力较弱;消费群体单一,且消费时间也相对集中,增加了管理成本和运营费用。

O:目前校园市场是一个未被开发的处女地,消费群体集中,消费潜力巨大;年轻人居多,一旦形成习惯和消费偏好,易形成顾客忠诚群体。

T:一旦成功,容易导致跟进的竞争者;校外众多的咖啡厅容易分流顾客。

(二) 消费能力和消费习惯分析

从2011年《标高分析数据》中可以发现如下信息。

(1) 在所调查的本科生总体中,每月生活费主要集中在400到500元之间,占37.1%,其次是400以下和500至700元,分别占26.2%和21.9%,这三者占据了总体的85.2%,构成了本科生消费群体月生活费的主体。可见,在武汉市物价水平的大环境下,学生消费群体可支配收入不显得特别紧张,同时也并不宽裕。

(2) 在对咖啡和西餐的消费偏好的调查中可以发现,大约四分之一的目标消费群体的态度是"喜欢",大约一半的群体态度为"一般,没有特别偏好",这两者占据了总体的大部分,不喜欢的顾客只占15%左右。

(3) 在每次可接受的消费额的调查中,各个可支配收入的学生群体达成了某种默契,每杯咖啡的价格在8~15元之间,每次消费额在10~20元之间的比重最大,暗示我们的定价策略中应该采取中档偏低的价格,消费金额和消费偏好提示我们应该灵活运用定价策略和产品策略,为消费者提供物美价廉的服务。

(三) 市场细分和定位

(1) **市场细分**:集中在高校师生,为高校师生提供咖啡。

(2) **市场定位**:休闲,饮食,娱乐于一体,以消费者可接受的价格提供一种情感和精神享受的场所。

(3) **确定诉求点**:

① 饮食、娱乐和休闲,轻松,浪漫,享受;

② 不高昂的价格,高层次的享受;

③ 学习和交流的场所;

④ 校园生活群体的精神家园。

(四) 产品和定价策略

1. **产品体系**

以咖啡为主,可以有少量其他饮料(例如牛奶等)甚至是食品。咖啡产品各个品种价格差异很大,可以以中低档为主,少量高档咖啡为辅,迎合各个消费层次的顾客的要求。

2. **价格体系**

校园咖啡厅的定价应该比校外的咖啡稍低。

(1) 流动定价:一些大众消费的咖啡品种可以采取流动定价的方式,例如每周有几种咖啡有优惠折扣,可以吸引很多人的到来。

(2) 赠送:例如可以针对情侣市场开展一系列的促销活动,价格优惠,赠送小礼品等。

(3) 折扣定价:例如节假日到来,或者店内员工朋友的消费等,可以给予消费者一定的折扣。

(五) 传播媒介和方式

1. 传单和海报

可在人流量大的场所(例如食堂门口,图书馆门口)发放一定量的传单,也可以在宿舍楼栋楼下投放一定量的传单,可以在社区和生活区张贴一定量制作精美的海报。

2. 活动传播

可以组织一些具体活动(例如沙龙、舞会、英语角等)吸引人气,达到传播效果。

3. 网站和广播广告

利用学生使用较多的学校网站(BBS,学校学生网站等)或者校园广播投放一定量的广告和公告。

4. 人脉推广

鉴于高校是人气相当密集的场所,可以利用咖啡消费者的口碑传播,例如可以招聘比较多的轮班流动的学生兼职服务员,通过每个人的交往半径进行人脉推广。

5. 社团活动

社团作为高校重要的组织,对每一个高校学子有巨大的影响,也是一种极佳的营销渠道。可以和社团建立友好关系,采取措施鼓励社团群体消费。例如,咖啡厅专门有区域可以提供给社团,社团非正式活动可以利用咖啡厅场所进行。

(六) CI 设计

1. 视觉识别

店名。一方面应该和自己的经营业务有紧密的相关,另一方面要照顾到经营的场所是在校园内部,要贴近校园特色,易于为校园群体喜爱和接受,店名应有格调,意味悠长。

LOGO。如果有可能,应该为自己设计 LOGO,并且贯穿始终。例如,在咖啡厅器具、名片、服装等上面印上 LOGO。

颜色。以黄色、红色、橙色等暖系色调为主,辅以轻快活泼的冷系色调。这样的颜色能够彰显时尚、潮流、雅致、品位。

2. 店内布局

(1) 灯饰和灯光。灯饰是咖啡厅装饰的重要元素,选择各种不同样式的灯饰可以有效增加咖啡厅的美感。灯光是烘托咖啡厅气氛的重要部分,可以选择不同颜色的灯光,烘托出咖啡厅宜人的气氛。同时,顾客应该能够在自己的空间调节灯光的便利。

(2) 墙面装饰和窗帘。按照季节及时调整,各种织物材质、图案、颜色尽量显得和谐,显示咖啡厅的格调,贴近消费者感官享受。

(3) 桌位。桌位设计和摆放应该总体上和谐,个体上有差异。

(4) 工艺品摆放。工艺品的选择应该贴近咖啡厅气氛和消费者偏好,烘托出咖啡厅的品位。

（5）餐具。餐具应该干净、整洁，应该体现咖啡厅特色或者形象（例如 LOGO）。

（6）背景音乐。背景音乐应以浪漫、柔和的轻音乐为主，响度适中，切合季节变化和咖啡厅格调。

3．行为识别

应该重视对员工的培训，让每一个员工都可以成为咖啡厅的形象代言人。

（资料来源：http://www.canyin168.com，有修改）

二、管理游戏

游戏一　"换客"体验

【项目简介】

游戏目的：在做市场调查的过程中，避免不了要打破尴尬，勇于和人沟通。此游戏寓意锻炼同学们的沟通技巧和勇气，让学生扮演"换客"，进行面对面与陌生人进行"以物换物"。

人数：不限、无需分组。

时间：30 分钟（选择在下课时间）。

场地：学校食堂门口或人流量大的地方。

用具：每位同学准备 1~2 件物品，可选择平时自己不用但对别人有需要的。

【训练步骤】

（1）将学生带到指定人流量大的地点，例如，学校食堂或图书馆附近。

（2）每位学生都要主动和陌生人接触，并主动拿出自己准备的物品和对方交换。交换次数不限，直到换到自己满意的物品为止。

（3）15 分钟后集合，互相交流意见。

再次分散，进行第二次"交换物品"游戏。

（4）15 分钟后再次集合，检验是否有更多心得。

【相关讨论】

（1）你是如何寻找"目标换客"的？

（2）以何种方式交流才能让陌生人与你达成物物交换？

（3）在此活中你最大的收获是什么？

【游戏总结】

（1）要勇于与"目标陌生人"打交道，这是市场调查最基本的一步，更是接触社会最直接的手段。

（2）经过多次练习，可以提高沟通技巧，会得到意想不到的收获。

游戏二　信任踏步走

【项目简介】

游戏目的：在做决策时，要考虑到团队中每个人的专业意见。由于每个人专业领域不同，决策者应学会尊重和信任团队成员的意见。这个游戏就是让同学们体会团队成员之间信任的建立。

人数：两人一组。

时间：10分钟。

场地：课堂外通道、楼梯。

用具：每人一个眼罩。

【训练步骤】

(1) 让学生们两人一组，每组中有一名同学头戴眼罩，在另一名同学的言语指导下从教室出门沿着特定路线走一圈回来。

(2) 对换角色进行体验。

【相关讨论】

(1) 当你什么都看不见，有什么感觉？

(2) 当了解看不见的感受后，你将怎样进行带领？

【游戏总结】

团队业绩的体现，离不开队员之间的信任度。每个成员都诚信负责并能信任其他成员，才能保证团队的顺利前进。

三、参观走访

【走访对象】

学校附近的一家商店。

【实训目的】

了解店主选择地理位置和经营项目的理由。

【实训内容】

约店主面谈或电话采访，了解：

(1) 为何选择此处开店？

(2) 为何选择从事品牌饮料店的经营？

(3) 和开店之前做决策时比较，有哪些情况是出乎意料的？

(4) 如果现在重新做决策，会有不同的选择吗？

【实训组织】

(1) 全班同学分4个小组，由组长带队分别行动。

(2) 预先与走访对象取得联系。

(3) 每组专人负责做好走访资料搜集。

【实训要求】

每组提交一份走访情况总结。

【实训考核】

教师对学生的走访情况总结进行批阅打分，并加以总结。

四、辩论互动

【题目】

各国家文化在跨国公司经营决策过程中占据重要(或不重要)的地位。

实训三 确定模拟公司的经营方向和战略

【实训目的】
(1) 了解员工价值观决定了公司的决策。
(2) 了解道德水平也是各国公司决策的重点依据。

【实训内容】
(1) 重新温习 PEST 分析的各项内容。
(2) PEST 分析的重要性。

【方法与要领】
(1) 全班分正方与反方两组展开辩论。
(2) 正方持"公司章程是非常重要"的观点进行论述。
(3) 反方以"公司章程不过是形式文件,可有可无"的观点反驳正方论点。
(4) 正、反双方在辩论中,既要回答对方的提问,也要向对方提出疑难问题,要求答辩。
(5) 正、反双方举例鲜明生动,分别形成简要的书面辩论材料,呈报教师或评委。

【成绩测评】
由教师、学生或邀请管理专家组成评委组评判辩论结果。

实训四

对模拟公司进行 SWOT 分析

第一部分 基础理论知识

通过熟悉管理学相关知识,进一步掌握 SWOT 分析法的应用。相关基础知识回顾如下。

一、SWOT 分析法的含义

在管理人员做出决策、制定战略目标之前,要对组织的优势和劣势、环境中的机会和威胁进行分析,从而选定组织的战略目标,减少决策性的失误。一个众所周知的工具就是 SWOT 分析法,即包括分析企业的优势(Strength)、劣势(Weakness)、机会(Opportunities)和威胁(Threats)。因此,SWOT 分析实际上是将对企业内外部条件、各方面内容进行综合和概括,进而分析组织的优劣势、面临的机会和威胁的一种方法。

二、SWOT 分析步骤

1. 列出企业的优势和劣势,可能的机会与威胁

运用各种调查研究方法,分析出企业所处的各种环境因素,即外部环境因素和内部能力因素。外部环境因素包括机会因素和威胁因素,它们是外部环境对企业的发展直接有影响的有利和不利因素,属于客观因素。内部能力因素包括优势因素和劣势因素,它们是企业在其发展中自身存在的积极和消极因素,属主动因素。在调查分析这些因素时,不仅要考虑到历史与现状,更要考虑未来发展问题。

2. 优势、劣势与机会、威胁相组合,形成 SO、ST、WO、WT 策略

将调查得出的各种因素根据轻重缓急或影响程度等排序方式,构造 SWOT 矩阵。在

此过程中,将那些对公司发展有直接的、重要的、大量的、迫切的、久远的影响因素优先排列出来,而将那些间接的、次要的、少许的、不急的、短暂的影响因素排列在后面。

3. 对 SO、ST、WO、WT 策略进行甄别和选择,确定企业目前应该采取的具体战略与策略

在完成环境因素分析和 SWOT 矩阵的构造后,便可以制订出相应的行动计划。制订计划的基本思路是:发挥优势因素,克服弱点因素,利用机会因素,化解威胁因素;考虑过去,立足当前,着眼未来。运用系统分析的综合分析方法,将排列与考虑的各种环境因素相互匹配起来加以组合,得出一系列公司未来发展的可选择对策。

在分析企业"机会"和"威胁"的同时,还应积极寻找与企业"优势"与"劣势"有关的问题加以解决。一般来讲,企业应当分析以下内容:谁是关键的竞争对手?竞争对手的竞争战略是什么?在相互竞争的企业间,市场是如何划分的?竞争对手占据什么样的竞争地位?谁是领导者?谁是挑战者?谁是跟随者?谁是拾遗补缺者?竞争对手有哪些核心资源和能力?其核心竞争力是什么?核心竞争力如何与其他资源相匹配?竞争对手有可能采取哪些竞争行动?竞争对手的可持续能力如何?竞争对手的立场如何?竞争对手的行动和反应快慢如何?竞争对手的进攻性有多大?趋势如何?

当然,SWOT 分析法不是仅仅列出四项清单,最重要的是通过评价公司的优势、劣势、机会、威胁,最终得出以下结论:(1)在公司现有的内、外部环境下,如何最优地运用自己的资源;(2)如何建立公司的未来资源。

可以利用 SWOT 分析表,将优势和劣势按机会和威胁分别填入表 4-1。

表 4-1 SWOT 分析表

	内部因素		
外部因素	4 利用这些	3 改进这些	机会
	1 监视这些	2 消除这些	威胁
	优势	劣势	

第二部分 案例分析

案例一 沃尔玛(Wal-Mart)SWOT 分析

1. 优势

沃尔玛是著名的零售业品牌,它以物美价廉、货物繁多和一站式购物而闻名。

沃尔玛的销售额在近年内有明显增长,并且在全球化的范围内进行扩张(例如,它收购了英国的零售商 ASDA)。

沃尔玛的一个核心竞争力是由先进的信息技术所支持的国际化物流系统。例如，在该系统支持下，每一件商品在全国范围内的每一间卖场的运输、销售、储存等物流信息都可以清晰地看到，信息技术同时也加强了沃尔玛高效的采购过程。

　　沃尔玛的一个焦点战略是，人力资源的开发和管理。优秀的人才是沃尔玛在商业上成功的关键因素，为此沃尔玛投入时间和金钱对优秀员工进行培训并建立忠诚度。

　2. 劣势

　　沃尔玛建立了世界上最大的食品零售帝国。尽管它在信息技术上拥有优势，但因为其巨大的业务拓展，这可能导致其对某些领域的控制力不够强。

　　因为沃尔玛的商品涵盖了服装、食品等多个部门，它可能在适应性上比起更加专注于某一领域的竞争对手存在劣势。

　3. 机会

　　采取收购、合并或者战略联盟的方式与其他国际零售商合作，专注于欧洲等特定市场。

　　沃尔玛的卖场当前只开设在少数几个国家内。因此，拓展市场（如中国，印度）可以带来大量的机会。

　　沃尔玛可以通过新的商场地点和商场形式来获得市场开发的机会。更接近消费者的商场和建立在购物中心内部的商店，可以使过去仅仅是大型超市的经营方式变得多样化。

　　沃尔玛的机会存在于对现有大型超市战略的坚持。

　4. 威胁

　　沃尔玛在零售业的领先地位使其成为所有竞争对手的赶超目标。

　　多种消费品价格竞争，对沃尔玛"天天低价"策略是一个威胁。

　（资料来源：http://wiki.mbalib.com/wiki/SWOT%E5%88%86%E6%9E%90，有修改）

思考题

1. 沃尔玛的内部优势和劣势是什么？外有机会和威胁是什么？
2. 沃尔玛应如何改进经营策略？

案例二　科尔尼管理咨询公司(A.T.Kearney) SWOT 分析

　　科尔尼管理咨询公司(A.T.Kearney)成立于 1926 年。经过多年的发展，科尔尼管理咨询公司已发展为一家全球领先的高价值管理咨询公司，其在所有主要行业都拥有广泛的能力、专门知识和经验，并且提供全方位的管理咨询服务，包括战略、组织、运营、商业技术解决方案、企业服务转型和高级猎头服务。科尔尼管理咨询公司在全球 37 个国家和地区、60 多个城市设有分支机构，在全球拥有 5000 名员工。科尔尼管理咨询公司的员工拥有广泛的行业经验,均毕业于一流商学院和各地著名大学。全球坚持用一致的聘用原则来吸引世界一流人才。

科尔尼管理咨询公司于1985年开展中国业务,是最早进入中国的国际咨询公司之一。公司于1992年正式设立了第一家在中国的分支机构,十几年来不断扩大业务规模,目前已有北京、上海和香港三家分支机构,拥有70多名具有各行业经验的专业咨询顾问。

表4-2中列举了一个科尔尼管理咨询公司对邮政局进行SWOT分析后得出战略的例子。

表4-2 SWOT分析得出战略的例子

内部能力 / 外部因素	优势(Strength) ● 作为国家机关,拥有公众的信任; ● 顾客对邮政的高度亲近感和信任感; ● 拥有全国范围的物流网(几万家邮政局); ● 具有众多的人力资源; ● 具有创造邮政/金融协同效应的可能性	劣势(Weakness) ● 上门取件的相关人力及车辆不足; ● 市场及物流专家不足; ● 组织、预算、费用等方面的灵活性不足; ● 包裹破损的可能性很大; ● 追踪查询服务不够完善
机会(Opportunities) ● 随着电子商务的普及,对寄件需求增加(年平均增加38%); ● 能够确保应对市场开放的事业自由度; ● 物流及IT等关键技术的飞跃发展	SO ● 以邮政网络为基础,积极进入宅送市场; ● 进入Shopping mall配送市场; ● ePOST活性化; ● 开发灵活运用关键技术的多样化的邮政服务	WO ● 构成邮寄包裹专门组织; ● 通过实物与信息的统一化进行实时的追踪(Track&Trace)及物流控制(Command&Control); ● 将增值服务及一般服务差别化的价格体系的制定及服务内容的再整理
风险(Threats) ● 通信技术发展后,对邮政需求可能减少; ● 现有宅送企业的设备及代理增多; ● WTO邮政服务市场开放的压力; ● 国外宅送企业进入国内市场	ST ● 灵活运用范围宽广的邮政物流网络,树立积极的市场战略; ● 通过与全球性的物流企业进行战略联盟,提高国外邮件的收益及服务; ● 为了确保企业顾客,树立积极的市场战略	WT ● 根据服务的特性,对包裹详情单与包裹运送网分别运营; ● 对已经确定的邮政物流运营提高效率(BPR),由此提高市场竞争力

(资料来源:http://wiki.mbalib.com/wiki/SWOT%E5%88%86%E6%9E%90,有修改)

> **思考题**
> 1. 邮政局的运营业务有哪些优势、劣势、机会和风险?
> 2. 通过对邮政局业务的SO、ST、WO、WT策略组合分析,你认为还有哪些更好的运营战略?

第三部分 实训操作

一、模拟实训

(一) 实训项目

对模拟公司进行 SWOT 分析。

(二) 实训目的

通过这项实训活动,运用 SWOT 分析法分析所成立的模拟公司,发挥优势,消除劣势,把握机会,规避风险,由此掌握管理者做决策与战略需要考虑的相关因素。

(三) 实训要求与内容

(1) 基于模拟公司,开始此实训活动。
(2) 利用课余时间,对模拟公司所处的环境进行调查,写出调查报告。
(3) 要求对企业为什么选择这一领域,自身对优势、劣势、机会和威胁进行分析。
(4) 对模拟公司提出相应的对策与建议。
(5) 课堂讨论:如果将来做名管理者,现在要培养自己哪方面能力,以适应未来工作。

(四) 实训总结与评估

(1) 每组推荐 1~2 名分析较透彻的同学,在课堂上进行发言。
(2) 以小组为单位,由教师总结与评估。

(五) 实训样例

星巴克(Starbucks)SWOT 分析案例

1. 优势

(1) 星巴克公司是一个盈利能力很强的组织,它在 2004 年的收入创纪录 30 亿美元,营业利润方面,美国市场达到了创纪录 21.9%。

(2) 通过提供声誉良好的产品和服务,星巴克公司已经成长为一个全球性的咖啡品牌,它在全世界的 39 个主要国家已经有了大约 13 000 家门店。

(3) 在 2005 年星巴克公司就是财富 100 强公司之一。星巴克重视员工,被认为是一个值得尊敬的雇主。

(4) 该组织具有很强的道德价值观念和道德使命,星巴克致力于做行业的佼佼者。

2. 劣势

(1) 星巴克在新产品开发和创造享有盛誉。然而,随着时间的推移,它的创新仍有容易受到动摇的可能。

(2) 星巴克对于美国市场的依存度过高,超过四分之三的咖啡店都开在自己的家乡。有专家认为星巴克需要寻求一个投资组合的国家,用来分散经营风险。

(3) 星巴克依赖于一个主要的竞争优势,即零售咖啡,这可能使它在进入其他相关领域的时候行动缓慢。

3. 机会

(1) 星巴克非常善于利用机遇。在 2004 年公司和惠普共同创建了 CD 刻录服务,在圣莫尼卡(美国加州)咖啡馆,顾客可以制作他们自己的音乐 CD。

(2) 星巴克有机会扩大其全球业务。新的咖啡市场,如印度和太平洋地区的国家开始出现。中国及亚太地区总裁 John Culven 表示,星巴克在中国市场的业务持续强劲增长,这使得它在 2014 年实现将中国晋升为仅次于美国的第二大市场的目标充满信心。

4. 威胁

(1) 星巴克面对着咖啡原料和乳制品成本上升的局面。

(2) 由于其概念被市场认可,1971 年在西雅图,星巴克的成功吸引许多竞争对手纷纷进入市场或复制品牌,从而构成潜在威胁。

(资料来源:http://wiki.mbalib.com/wiki/SWOT%E5%88%86%E6%9E%90 及 http://www.starbucks.com.cn,有修改)

二、管理游戏

游戏一 我们的观察力有多敏锐

【项目简介】

游戏目的:通过本项目的实施,可以测试人们对普通事物往往观察并不仔细,锻炼我们处理任何问题都要有敏锐的观察力。

人数:全班同学。

时间:5 分钟。

场地:班级教室。

【训练步骤】

(1) 将班级分成几组。

(2) 一组组员问另一组组员是否可以借他的表用一会儿(注意:确保这不是一只数字式手表)。

(3) 在拿到表后,告诉借给你表的那个人,你要测测他/她的观察力,并邀请其他人在保持沉默的同时和借你表的人一起参加游戏。

(4) 让此人假设手表已丢失且被你捡到了,但是,在你还给他之前,你要验明手表确实是他的。可以提的问题包括:"是什么牌子的?""表面是什么颜色的?""表面还印有什么东西?""是罗马数字还是阿拉伯数字?""12 个刻点都有吗?""表上有日期和/或星期吗?""有秒针吗?"等。

【相关讨论】

(1) 除了我,还有谁在这个测验中失败了?为什么?

(2) 我们的观察力为什么不是更敏锐?(时间压力、缺乏关心、想当然等)

(3) 你有没有遇到过一些因人们忽视了平常的事而引发问题的事件?

【游戏总结】

（1）创造力来自敏锐的观察力，善于观察才能发现新问题、新事物，发现优势与劣势、机会与威胁，才能有新思维、新方案。

（2）只能注意观察的人才会能正确地认识自我，把握自我，认清对方，善待他人。

游戏二 肯定自我

【项目简介】

游戏目的：让同学们表明说出自己的优点是可取的。

人数：集体参与。

时间：15分钟。

场地：不限。

用具：无。

【训练步骤】

（1）让学生分成两人的小组。

（2）要求每个人在一张纸上写下自己喜欢的四五件事。

（注意：因为大多数人往往过分谦虚，写自己的好处时会很犹豫，可能需要有人稍加鼓励。比如，教师可以"自然而然地"公布一下自己写的单子，如"热情、诚实、认真、聪明、优雅"）。

（3）3～4分钟后，让每个人向各自的同伴公开自己写的内容。

【相关讨论】

（1）你对这个活动是否感到不习惯？如果是，为什么？（由于文化背景的原因使得我们不愿向他人暴露自我，即使这样做是有道理的）

（2）你是诚实地看待自己的吗？即你对自己的特点有无"保留"？

（3）当你公布你的优点时，你的同伴反应如何？（例如，吃惊、鼓励、加以补充）

【游戏总结】

这个练习试图通过两人一组，让对方了解真正的自己。

三、参观走访

【走访对象】

校园内外一家公司或商店。

【实训目的】

了解该公司或商店的经营环境情况。

【实训内容】

（1）确定走访对象，先了解其大概情况。

（2）了解相关负责人，询问对方经营的特色优势是什么？有哪些不足？还想寻找什么投资机会？周围环境有哪些竞争对象，或受什么发展制约？

【实训组织】

（1）全班同学分3个小组，由组长带队分别行动。

(2) 预先与走访对象取得联系。
(3) 每组专人负责做好走访资料搜集。

【实训要求】

每组提交一份走访情况总结。

【实训考核】

教师对学生的走访情况总结进行批阅打分,并加以总结。

四、辩论互动

【题目】

企业 SWOT 分析重要吗?

【实训目的】

(1) 了解公司 SWOT 分析的重要性。
(2) 能全面地进行 SWOT 分析,是做决策和战略的前提。

【实训内容】

(1) 论述 SWOT 的主要内容。
(2) 论述 SWOT 分析方法的重要性。
(3) 如何进行更好的 SWOT 分析。

【方法与要领】

(1) 正、反双方各一组,每组 6 名同学,全班分正方与反方两组展开辩论。
(2) 正方持非常重要的观点进行论述。
(3) 反方甲可有可无的观点反驳正方论点。
(4) 正、反双方在辩论中,既要回答对方的提问,也要向对方提出疑难问题,要求答辩。
(5) 正、反双方举例鲜明生动,分别形成简要的书面辩论材料,呈报教师或评委。

【成绩测评】

由教师、学生组成评委组评判辩论结果。

实训五

针对模拟公司某事进行决策

第一部分　基础理论知识

通过熟悉管理学的相关知识,进一步掌握决策理论的应用,相关基础知识回顾如下。

一、什么是决策

决策是管理者在对企业所处的环境与企业自身条件进行调研与分析的基础上,运用科学理论与方法选择企业目标,设计并选择备选方案,直至付诸实施的一系列活动。管理决策,从广义上讲,包括调查研究、预测、分析研究问题、设计与选择方案,直至付诸实施等一系列活动。从狭义上讲,决策仅指对未来行动方案的抉择行为。

二、领导决策的要素

领导决策一般由决策者、决策目标、决策备选方案、决策情势和决策后果五个要素组成。

(1) 决策者。决策者是决策活动的主体,是决策最基本的要素。

(2) 决策目标。决策目标是指决策所要达到的目的。

(3) 决策备选方案。领导决策实际是一种选择方案的活动。

(4) 决策情势。决策情势是指决策面临的时空状态,即决策环境。

(5) 决策后果。决策后果是指一项决策实施后所产生的效果和影响。

三、领导决策的类型

(1) 按决策的重复程度划分为程序性决策和非程序性决策。
(2) 按决策的层次划分为高层决策、中层决策、基层决策。
(3) 按决策所涉及的范围划分为战略决策和战术决策。
(4) 按决策的方式划分为经验决策和科学决策。
(5) 按决策的主体划分为集体决策和个体决策。

四、决策的原则

(1) 有限理性原则。
(2) 信息充分性原则。
(3) 满意原则。
(4) 可行性原则。

五、领导决策的程序

(1) 发现问题,确定目标。
(2) 拟订方案,充分论证。
(3) 分析评估,方案择优。
(4) 慎重实施,反馈调节。

六、常用的决策方法

1. 德尔菲法

德尔菲法是直观预测法的一种,它要求先由预测机构选定专家,通过书面的方式向这些专家提出所要预测的问题,得到答复后,将意见集中整理,然后匿名反馈给各位专家,再次征询意见,然后再加以综合和反馈。如此多次循环,最终得到一个比较一致并且可靠性较大的预测结果。

2. 头脑风暴法

头脑风暴法又称畅所欲言法,它是一种邀请专家、内行,针对组织内某一问题或某一议题,让大家开动脑筋,畅所欲言地发表个人意见,充分发挥个人和集体的创造性,经过相互启发,产生连锁反应,集思广益,形成供决策用的大量备选方案,而后形成决策的方法。

3. 名义集体技术

名义集体技术能够为管理者提供更多的时间与机会来提出更多的解决方案,它适用于讨论有争议性的问题。其步骤与方法为:(1) 将管理层分为两组,先由主持人简单介绍主题,然后每组用二十到三十分钟时间写下自己的方案;(2) 各自介绍自己的方案;(3) 与会者依次讨论各个方案;(4) 由每个人对所有的方案由优至差进行排序,序位最高的即为最终方案。

4. 回归分析法

回归分析法是根据事物发展变化的因果关系,运用处理变量数学原理对事物的未来发展进行预测的方法。事物之间的因果关系有两类:一是确定的函数关系(如牛顿定律、欧姆定律等表述的变量之间的关系);二是非确定的关系,即变量之间既存在着密切关系,又不能由一个变量的值精确地求出另一个变量的值,对于这种关系应当运用回归方程,通过大量统计数据的分析,找到它们之间相关性的关系,预见其未来的发展状况。

5. 系统工程法

系统工程法是一门基本的决策技术,它把所要处理的问题和情况加以分门别类,确定边界,又强调把握各门类之间和各门类内部诸要素之间的内在联系和完整性、整体性,否定片面和静止的方法。在此基础上,系统工程法没有遗漏而是有区别地针对主要问题、主要情况和全过程,运用有效工具进行全面的分析和处理。

七、决策的五种误区

(1) 事前假设偏见。

(2) 代表偏见。

(3) 控制错觉。

(4) 递增承诺。

(5) 集体思维的危险。

第二部分 案例分析

案例一 新任厂长的产品决策

某工具厂从1990年以来一直经营生产A产品,虽然产品品种单一,但是市场销路一直很好。后来由于经济政策的暂时调整及客观条件的变化,A产品完全滞销,企业职工连续半年只能拿50%的工资,更谈不上奖金,企业职工怨声载道,积极性受到极大的影响。

新厂长上任后,决心一年内改变工厂的面貌。他发现该厂与其他单位合作的环保产品B产品是成功的,于是决定放弃A产品,改产B产品。一年过去,企业总算没有亏损,但工厂经济效益仍然不好。

后来市场形势发生了巨大的变化。原来的A产品市场脱销,用户纷纷来函来电希望该厂能尽快恢复A产品的生产。与此同时,B产品销路不好。在这种情况下,厂长又回过头来抓A产品,但短期内无法满足客户的要求,无论数量和质量都不能恢复到原来的水平。为此,集团公司领导对该厂厂长很不满意,甚至认为改产是错误的决策,厂长感到很委屈,他认为自己的决策是正确的。

(资料来源:中国验厂论坛 http://www.china-coc.org/read-htm-tid-41742.html)

> **思考题**
> 1. 你认为该厂长的决策是否有错误？请做详细分析。
> 2. 如果你是该厂厂长，在决策过程中应如何去做？

案例二　西方联合电报公司"大意失荆州"

　　1876年，亚历山大·格雷厄姆·贝尔发明了电话，并先于伊莱沙·格雷几小时申请了专利。贝尔的岳父加德纳·哈伯德打算将电话专利权卖掉。当然，他所瞄准的目标就是当时长途通信业的霸主西方联合电报公司。

　　但是西方联合电报公司总裁威廉·奥顿拒绝了哈伯德的请求，他认为，"电话"有太多的缺点，因此不能严格地作为一种通信方式，这种装置对他们来说没有任何价值。奥顿拒绝哈伯德不仅是因为他们之间早有过节，而且他认为不管电话取得多大的成就，他的公司都有实力轻松地将贝尔逼出市场。

　　很快，西方联合电报公司就为它的短视付出了巨大的代价。公司的客户纷纷放弃电传打字机而改从新成立的贝尔公司租借电话机。西方联合电报公司不得不被动跟进，利用格雷的专利以及托马斯·爱迪生的设计推出了自己公司版本的电话机。随后双方之间爆发了激烈的诉讼之争，西方联合电报公司最终败北，并被迫从贝尔公司租用电话设备。

（资料来源：http://china.nowec.com/c/3/20057/8299.html，有修改）

> **思考题**
> 1. 你认为威廉·奥顿的决策错误在哪里？
> 2. 如果你是威廉·奥顿，你在决策过程中应如何去做？

第三部分　实训操作

一、模拟实训

（一）实训项目

针对模拟公司某事进行决策（如公司的形象树立、产品定位、市场开拓及定价策略进行相关决策）。

（二）实训目的

通过本实训活动，熟悉决策的相关理论，掌握决策常用的程序、方法，在将来的工作中避免决策的误区,提高分析问题、解决问题的决策能力。

（三）实训内容

(1) 基于实训一的初创公司,开始此实训活动。

(2) 确定公司某项或几项需要决策的事宜。

(3) 大家可以采用决策方法进行相关决策商讨。

(4) 利用课余时间进行决策前的相关准备。

(5) 课堂交流与讨论,在上课时每小组推荐一个人进行展示本组的决策过程和结论。

(6) 各小组间进行互相评论(可以用头脑风暴法)。

（四）实训总结与评估

(1) 每组推荐 1~2 名分析较透彻的同学,在课堂上进行发言。

(2) 各小组间进行互相评论评分。

(3) 以小组为单位,由教师综合评分,并总结。

（五）实训样例

彼得·莫斯对蔬菜管理问题的决策议程

彼得·莫斯是一名生产和经营蔬菜的企业家,现在他已有5万平方米的蔬菜温室大棚和一座毗邻的办公大楼,并且聘请了一批农业专家顾问。

莫斯经营蔬菜业务是从一个偶然事件开始的。有一天,他在一家杂货店看到一种硬花球花椰菜与花椰菜的杂交品种,他突发奇想,决定自己建立温室培育杂交蔬菜。

莫斯雇用了一批专门搞蔬菜杂交品种的农艺专家,这个专家小组负责开发类似于那些杂交品种蔬菜。专家小组建议莫斯开发菠生菜(菠菜与生菜杂交品种)、橡子萝卜瓜、橡子南瓜以及萝卜的杂交品种。特别是一种柠橡辣椒,是一种略带甜味和柠橡味的辣椒,他们的开发很受顾客的欢迎。

同时,莫斯也用水栽法生产传统的蔬菜,销路很好。生意发展得如此之快,以至于他前一个时期,很少有时间更多考虑公司的长远建议与发展。目前,他觉得需要对一些问题着手进行决策,包括职工的职责范围、生活质量、市场与定价策略、公司的形象等。

莫斯热衷于使他的员工感到自身工作的价值。他希望通过让每个员工"参与管理"了解公司的现状,调动职工的积极性。他相信：这是维持员工兴趣和激励他们的最好办法。他决定在本年度12月1号上午9点召开一次由每一个农艺学家参加的会议,其议程如下：

1. 周末,我们需要有一个农艺师在蔬菜种植现场值班,能够随叫随到,并为他们配备一台步话机,目的是一旦发生蔬菜突然脱水或者枯萎的情况,可以找到这些专家。要做的决策是：应该由谁来值班,他的责任是什么?

2. 我们公司产品的颜色是绿色的,要做的决策是办公室新地毯、墙纸以及工作服等应该采取什么样的绿色色调?

3. 公司有一些独特的产品,还没有竞争对手,而另外一些产品,在市场上竞争十分激烈。要做的决策是对不同的蔬菜产品应当如何定价? 莫斯要求大家务必准时到会,积极参与发表意见,并期望得到最有效的决策结果。

(资料来源：http://www.mba100.com/zywe.MBA_zl/List.asp? id=34,有修改)

【思考题】
1. 一个决策是否有效应取决于什么？
2. 12月1日所召开的会议是必要的吗？
3. 公司的装潢问题是否需要进行群体决策？
4. 定价问题是否需要列入莫斯12月1日的决策议事日程中？

二、管理游戏

游戏一　给自己选个老板（或助手）

【项目简介】

游戏目的：通过本项目的实施，可以揭示我们用来判断某个人是具有领导潜质还是下属时所采用的相关及不相关的标准。

人数：全班同学。

时间：20分钟。

场地：班级教室。

用具：空白卡片。

【训练步骤】

（1）通过一个或多个介绍练习，让大家相互了解在座其他人的一些最基本的信息。

（2）然后让每个人在卡片上指定一个他们认为可以称为最佳老板的人选。在另一张卡片上，让他们选一个他们认为可以成为最佳下属的人。

（3）让他们将每张卡片翻转过来，列出他们是根据哪些特点选出老板和下属的。

（4）收回这些卡片，计算选票。

（5）宣布得票最多的老板（前3名）和得票最多的下属（前3名）。

（6）再用表列出（或通过讨论向大家了解）他们所根据的两种不同的特性。

【相关讨论】

（1）当你被选为（或未被选为）老板或下属时，你是怎么想的？

（2）选择老板和下属的特性之间有无区别？为什么？

（3）用来选择老板或下属的理由恰当吗？或者说这些理由根本不相干？我们怎样选出理想的老板或下属？

【游戏总结】

通过该活动，大家能在一定程度上了解老板或是下属所必须具备的素质及各自必须履行的义务。因此，该游戏对训练、培养具有领导能力的人才及高素质的员工有所启发。但要切忌把领导和员工理想化。

游戏二　出一个点子

【项目简介】

游戏目的：介绍产生灵感的一种方法——头脑风暴法，帮助学生认识到打破约束创造力的方法有很多。

人数：集体参与。

时间：25～35分钟。

场地：不限。

用具：无。

【训练步骤】

(1) 开场白：这是一个头脑风暴讨论会，请你们参加一次类似头脑风暴讨论——出点子活动。然后10人一组进行开展游戏活动。同时明确一个主题，例如：如何让我班成为模范班等。

(2) 每个参与者面前将放一叠空白卡片，请在每张卡片上写一个点子。

(3) 每张卡片写完点子后，请立即将卡片传给你左边的人，也就是说右边参与者写完点子后会立即将卡片传给左边的人。请认真参考卡片上的点子后，再在另一张卡片上写上新的点子，并将这两张卡片同时传给你左边的人。

(4) 拿到两张卡片后，请认真参考两张卡片上的点子后，再在另一张卡片上写上新的点子，并将这三张卡片同时传给你左边的参与者。

(5) 依次类推，直到每个人都相互交流了一轮为止(即10个人就是10次)。

(6) 出点子活动与头脑风暴有些不同。你会看到点子围着桌子的动态运动。因此，如果你想不出点子，就写一个问题。有些人会选择回答你的问题，有些人则不回答。

【相关讨论】

让参与者从卡片中选出各自认为具有以下特点的点子与大家分享。

(1) 最有创造力的点子。

(2) 最实用的点子。

(3) 你最喜欢的点子。

(4) 所有人可以做到的点子。

(5) 最疯狂的点子。

【游戏总结】

可以用出点子方法来激发创造力，可以思考会有什么问题？然后寻找冲破束缚创造力的方法。总结点子法的优点如下。

(1) 在较短时间内产生较多点子。

(2) 容易将这些点子分类。

(3) 该活动的目的是把事物向前推动。

三、参观走访

【走访对象】

一个公司的总经理。

【实训目的】

了解该公司是如何进行决策的。

【实训内容】
(1) 选择一名熟悉的公司总经理(也可以是朋友介绍的公司,不论大小均可)。
(2) 可以实地走访也可以电话访谈形式,咨询他是怎么做公司相关决策的。
【实训组织】
(1) 全班同学分 5 个小组,由组长带队分别行动。
(2) 预先与走访对象取得联系。
(3) 每组专人负责做好走访资料的搜集。
【实训要求】
每组提交一份走访情况总结。
【实训考核】
教师对学生的走访情况总结进行批阅打分,并加以总结。

四、辩论互动

【题目】
集体决策与个体决策哪个重要?
【实训目的】
(1) 理解决策的种类。
(2) 把握决策的步骤。
(3) 理解决策的原则。
【实训内容】
(1) 论述决策的种类。
(2) 论述什么是集体决策和个体决策。
(3) 进行两者重要性辩论。
【方法与要领】
(1) 正反方各一组,每组 6 名同学,全班分正方与反方两组展开辩论。
(2) 正方持非常重要的观点进行论述。
(3) 反方持可有可无的观点反驳正方论点。
(4) 正、反双方在辩论中,既要回答对方的提问,也要向对方提出疑难问题,要求答辩。
(5) 正、反双方举例鲜明生动,分别形成简要书面辩论材料,呈报教师或评委。
【成绩测评】
由教师、学生组成评委组评判辩论结果。

实训六

模拟公司的计划制订与实施

第一部分 基础理论知识

通过熟悉管理学知识,进一步掌握计划的内容、计划的制订过程的应用。相关基础知识回顾如下。

一、计划的职能

(1) 明确方向。
(2) 明确目标。
(3) 明确路径。
(4) 明确方法。
(5) 明确责任。
(6) 明确衡量方法。

二、计划的作用

(1) 集中资源。
(2) 行动指南。
(3) 减少不确定性。
(4) 提高效率。
(5) 提高积极性。
(6) 体会成就和人生价值。

三、计划的内容(5W2H)

一个完整的计划应包括七个方面的内容,简单来说就是5W2H,即:
What——做什么?(内容)
Why——为什么做?(目的)
Who——谁去做?(人员)
Where——何地做?(地点、环境)
When——何时做?(时间)
How——怎么做?(方式,手段)
How much——花多少费用(包括人力、物力、财力等成本预算)?(成本)

四、计划的类型

(1) 按时间跨度划分为:长期计划、中期计划、短期计划。
(2) 按综合性程度划分为:战略计划、战术计划。
(3) 按职能空间划分为:业务计划、财务计划、人事计划。
(4) 按计划内容是否明确划分为:指导性计划、具体性计划。
(5) 按决策和活动程序划分为:程序性计划、非程序性计划。

五、计划的制订过程

(1) 明确目标。
(2) 分析计划的前提条件。
(3) 制订战略或行动的方案。
(4) 落实人选、明确责任。
(5) 制订时间进度表。
(6) 分配资源。
(7) 制订应变预案。

六、计划的审定

1. 计划的审定内容
(1) 计划目标与该组织目标一致吗?
(2) 该计划符合政府的政策规定吗?
(3) 对计划实施的前提条件的预测可靠吗?
(4) 具体的预算投入同计划预计的收益平衡吗?
(5) 计划中的各项任务完成日期是否合理?
(6) 能及时取得计划中需要的资源吗?

2. 计划的审定方式
(1) 上级审定。

(2) 小组审定。
(3) 群众讨论。
(4) 专家审定。

第二部分 案例分析

案例一 学校联谊活动计划

1. 主题：同学联谊，出外郊游。
2. 目的
(1) 响应"大学生素质拓展"项目，提高野外生存能力；
(2) 增进两校学生之间的友谊，为下阶段互进互利打基础。
3. 内容：野外郊游，包括体能测试、烧烤等。
4. 人员：北京吉利大学与北京科技大学学生代表。
5. 实施步骤如下。
(1) 5月16日，做准备工作，商讨郊游事项。
(2) 5月17日至5月22日，联系导游及经费预算问题。
(3) 5月23日，申请活动、素质拓展及带队教师邀请。
(4) 5月26日，商讨具体活动，制订详细计划。
(5) 5月28日，郊游，早上7：00出发，下午17：00返回。
6. 经费预算：每人70元，包括车费、导游费、烧烤、体能测试等项目费用。
(资料来源：http://www.ggjjw.com/hdbg/qtl/200809/888.html，有修改)

思考题

1. 上述计划包括了计划的基本要素中的哪几个？
2. 这个活动计划还有哪些方面需要改进？

案例二 山东阿尔达纺织公司市场调研计划

1. 目的：了解山东省德州地区部分品牌服装的消费状况，消费观念及商业街品牌服装的经营情况。
2. 时间：2012年6月18—19日。
3. 地点：山东省德州市德城区(包括德州百货大楼、天衢购物中心、三八路、步行街及学院商城等)。
4. 人员：山东阿尔达纺织公司市场部信息员。
5. 内容。

(1) 街头访问。到街头搜寻时尚达人,探寻她们的穿衣之道。她们是时尚的紧随者,是潮流的风向标。访问消费者对品牌的看法以及建议。

(2) 售点访问。专卖店调查：访问品牌的销售对象、成绩,消费者的购买行为,对品牌的认知态度等。

(3) 售点巡查。要经常到专卖店或生产厂家进行巡查,多了解和掌握品牌的生产和销售状况。

6. 调研方式：采用口头测试、图片测试、照片测试、问卷调查等

(资料来源：http://user.qzone.qq.com/918581824/blog/1255925060,有修改)

思考题

1. 上述计划包括了计划的六个基本要素中的哪几个？
2. 这个活动计划还有哪些方面需要改进？

第三部分 实训操作

一、模拟实训

(一) 实训项目

撰写一份模拟公司的促销活动计划书。

(二) 实训目的

基于每组原拟创办的公司,学生较了解成立的过程及经营的范围,通过本项实训活动,掌握计划的内容(5W2H)、计划的制订过程,由此掌握应如何制订活动计划。

(三) 实训内容

(1) 基于实训一的初创公司,开始此实训活动。

(2) 针对本组创办的公司进行讨论,为扩大业务量,策划一次促销活动,制订详细的促销活动计划。

(四) 实训步骤

(1) 教师先讲一下具体计划的写法。

(2) 每组公司由总经理召开会议,讨论促销的基本策略、方式、方法、时间等,然后安排某部门进行起草,该部门确定一名普通员工完成。

(3) 该名员工写完初稿后,交给本部门领导审核,再修正。

(4) 写完的促销计划书后,邀请全组人员开会讨论,再进行修正。

(5) 送交组长即总经理审核,形成正式促销计划书。

(6) 以小组为单位,派一名学生为全班同学展示,时间不超过15分钟。

(五) 实训总结与评估

(1) 由教师找 4 名学生做评委,给每组打分,满分 100 分。
(2) 每组分数加总后平均。
(3) 由教师再根据综合情况给每组加减分,进行点评,评出前三名。

(六) 实训样例

某公司宝鸡商场大型促销活动计划书

(一) 活动目的
(1) 配合某公司活动。
(2) 搞好客户关系。
(3) 提高销量给客户信心,为下次活动做准备。
(4) 迎接"五·一"旺季,品牌宣传造势。

(二) 活动主题
实惠顾客,顾客实惠。新店开业,迎五一,两店同庆。

(三) 活动时间安排
(1) 2012 年 4 月 7 日之前把计划书定下来,海报,展架画报,口号标牌。
(2) 2012 年 4 月 10 日之前把活动所需的货准备好。
(3) 2012 年 4 月 12 日货发到宝鸡市。
(4) 2012 年 4 月 13 日商场布置。
(5) 2012 年 4 月 14—18 日上柜。
(6) 2012 年 4 月 18—26 日举办活动(实际操作效果好,延长到 5 月 5 日)。

(四) 活动地点
宝鸡市银座商场、天下汇商场内。

(五) 活动人员
按照商场促销要求,每个商场安排 10 名促销员。

(六) 活动内容
1. 活动分为正价打折区、特卖区、活动区。
2. 正价区可以打 5.1 折。
3. 特卖区实行优惠价格。
4. 活动区采用标活动价猜零售价方法,猜对者免费赠送产品(猜对者是指:猜对零售价上下幅度不超过 20 元者,即为猜对)。
5. 其他奖励
(1) 凡是当日在我公司消费 200 元者加 2 元可以获得原价 25 元的任意一款高档毛巾(仅限前 20 名)。
(2) 凡是当日在我公司消费 500 元者加 10 元可获得原价 55 元毛绒玩具一个(仅限前 20 名)。

（3）凡是当日在我公司消费1000元者加18元可获得原价76元健康枕芯一个（仅限前20名）。

（4）凡是当日在我公司消费2000元者加30元可获得恒源祥原价120元的床单一条（仅限前20名）。

（5）凡是在我公司消费者可获得奖券一张，凭券可在5月1日大型活动打八折的基础上再打九折。

（七）现场布置

（1）两个海报（其一为获奖名单，其二为活动规则），展架7个，及产品荣誉证。

（2）加2元，10元的礼品。

（3）人员分配：天下汇（_____），银座（_____）。

（4）现场造势（①广播重复播放：为某公司刚开业之际，以及银座商场女性消费纪念1周年特此在银座商场，天下汇商场举办大型活动。活动分为正价打折区、特卖区，以及0价物品等你拿活动区。等待你的青睐惠顾！②产品荣誉证）。

（5）样本产品的摆设（尽可能地美观）。

（八）活动预算

出差费_____天×_____元＝_____元，运输费用_____元。

（九）活动总结

（1）期间共销售_____元，占当月销售_____元的_____％。主要竞争对手当月销量是_____元。

（2）为"五·一"旺季做了充分的宣传，就"五·一"3天的销量为_____元。

（3）使本公司销售有了更清晰的主题：高档次，实惠（意外收获）。

（4）取得了客户的信任（为来年做活动做准备）。

二、管理游戏

游戏一　杯子有多大

【项目简介】

游戏目的：通过本项目的实施，认识安排工作和管理时间的方法。

人数：全班同学。

时间：15分钟。

场地：班级教室。

用具：一次性杯子、砂子、小石头、大石头等。

【训练步骤】

（1）演示装满一杯水后，放进大石头、小石头、沙子水溢出的情景。

（2）演示装满一杯沙子，放进大石头、小石头，没有空间的情景。

（3）演示装满一杯小石头，放进大石头，没有空间的情景。

（4）演示装满一杯水放入大石头，然后分别放入小石头、沙子和水的情景。

【相关讨论】

请所有学生分享游戏给我们的启示。

【游戏总结】

杯子代表空间,石头的大小代表事情、资源的重要程度,顺序代表处理事情、选择资源的先后。首先,把大杯子装满大石头,摇一摇;其次,放一些小石头进去,接着沙子放进去;再次,摇一摇杯子,石头和沙子又进去不少;最后,可以把杯子装进水。在这个过程中我们发现只要处理事情的方法正确,总会发现意想不到的空间。

游戏二 飞船竞赛

【项目简介】

游戏目的:理解管理的四大职能。

人数:集体参与。

时间:90 分钟。

场地:不限。

用具:(每组)一个生鸡蛋、四个纸杯、一双筷子、长短吸管各两根、两只气球、几根皮筋、几张彩纸、几支彩笔、一把剪刀、一瓶胶水。

【训练步骤】

1. 根据提供的道具制造飞船和标志飞船着陆地点的旗帜。

2. 完成后,去空地发射飞船。

3. 每组发射飞船,并将旗帜插在飞船着陆的地点。

4. 规则

(1) 只能用给定的道具制造飞船。

(2) 不能与团队之外的任何人交流飞船制造计划。

(3) 飞船航行最远,而且鸡蛋不破的小组获胜。

(4) 评出最有创意的团队。

5. 教师任务

(1) 在前一次课上宣布活动的任务、道具及分组。

(2) 指定准备活动道具的负责人。

(3) 开始活动时,宣布活动程序、规则及时间。

(4) 控制整个活动场面,回答学生的提问,监督是否有违反规则的现象。

(5) 组织同学们发射飞船。

【相关讨论】

(1) 组织讨论,该活动是如何体现管理的四大职能的?

(2) 小组代表发言再次,教师总结最后,颁奖。

【游戏总结】

从中理解管理四大职能,看出计划的重要性。

三、参观走访

【走访对象】

一个公司的部门经理。

【实训目的】

了解该公司是如何进行制订计划的。

【实训内容】

(1) 选择一名熟悉的公司部门经理(也可以是朋友介绍的公司,不论大小均可)。

(2) 可以实地走访也可以电话访谈形式进行咨询他/她是怎么做公司相关计划的。

【实训组织】

(1) 全班同学分 5 个小组,由组长带队分别行动。

(2) 预先与走访对象取得联系。

(3) 每组专人负责做好走访资料的搜集。

【实训要求】

每组提交一份走访情况总结。

【实训考核】

教师对学生的走访情况总结进行批阅打分,并加以总结。

四、辩论互动

【题目】

计划有用还是没用?

【实训目的】

(1) 理解计划的重要性。

(2) 把握计划的步骤。

(3) 理解计划的种类。

【实训内容】

(1) 论述计划的职能、种类、要素。

(2) 论述计划的作用。

(3) 进行观点辩论。

【方法与要领】

(1) 正、反方各一组,每组 6 名同学,全班分正方与反方两组展开辩论。

(2) 正方持非常重要的观点进行论述。

(3) 反方持可有可无的观点反驳正方论点。

(4) 正、反双方在辩论中,既要回答对方的提问,也要向对方提出疑难问题,要求答辩。

(5) 正、反双方举例鲜明生动,分别形成简要书面辩论材料,呈报教师或评委。

【成绩测评】

由教师、学生或邀请管理专家组成评委组评判辩论结果。

实训七

针对模拟公司某一岗位编制作业计划清单(时间管理)

第一部分 基础理论知识

本实训主要通过熟悉管理学相关的知识,进一步掌握时间管理的方法以及应用。

一、时间管理的重要性

俗语道:"一寸光阴一寸金,寸金难买寸光阴"。时间作为一种资源,具有不可储存性,不可再生性,是一种稀缺资源,在商业化高度发展的今天,如何有效地管理时间,已成为决定商业成败的关键因素。每个人每天所拥有的时间都是 24 小时,所以时间管理不在于时间的多少,而是如何在生活和工作中善用和分配自己的时间,换言之,时间管理就是自我管理,即通过合理分配时间来提高效率。

二、时间管理的方法——四象限法

管理者在选择处理事情的先后次序时,应先考虑事情的"轻重",再考虑事情的"缓急",也就是在时间管理上通常采用的"四象限法",四象限图如图 7-1 所示。

重要但不急迫 2	重要而急迫 1
不重要但急迫 3	不重要也不急迫 4

图 7-1 四象限图

(1) 第一象限是重要而急迫的事（必须做的事情）。诸如接待客户、准时完成工作、住院开刀等。该象限的事情若处理不善，会给个人或者组织带来严重的后果。

(2) 第二象限是重要但不急迫的事（应该做的事情）。这一象限的事情主要是与生活品质有关，例如参加培训、学习、处理人际关系、向上级提出问题处理的建议、体检等事项。荒废这个领域将使第一象限日益扩大，使管理者陷入更大的压力，在危机中疲于应付。反之，多投入一些时间和精力可以有效地缩小第一象限的范围。

(3) 第三象限是不重要但急迫的事（量力而为的事情）。诸如打电话、会议、突来访客等，该象限的事情与第一象限的事情非常容易混淆，其实二者的区别就在于这件事是否有助于完成某种重要的目标，如果答案是否定的，便应归入第三象限。建议管理者在该领域投入时间和精力时应量力而为。

(4) 第四象限属于不重要也不急迫的事，诸如阅读小说、观看电视节目、办公室聊天等娱乐性、消遣性的休闲活动。这个领域的事情，管理者须有空闲时间再做。

三、时间管理的步骤

(1) 列出目标清单。
(2) 根据重要程度对目标进行排序。
(3) 列出实现目标所要进行的活动。
(4) 对所需要进行的活动按照四象限法排列优先次序，其中第一象限和第二象限的工作要重点完成。例如，如图 7-2 所示的例子。

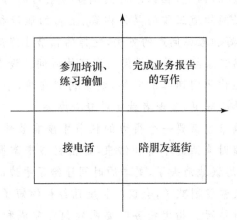

图 7-2 四象限法例子

(5) 按所给出的优先排序制定每日工作时间表或备忘录。
(6) 按工作时间表开展工作。
(7) 每天结束工作后，对当日运用的时间进行回顾与总结，并安排第二天的工作。

四、时间管理的方法和技巧

(1) 了解自己使用时间的方式和状况。

(2) 做好工作计划。
(3) 缩短别人干扰的时间。
(4) 不要拖延。
(5) 第一次就把事情做好。
(6) 时间的判断应有弹性。

第二部分　案例分析

案例一　哈里斯——"我是一个浪费时间的因素"

西太平洋航空公司的拉斯蒂·哈里斯想认真改进对时间的管理，在两年前公司召开的时间管理会议上采用了自我改进协会使用过的一种方法，即公开坦白"我是一个浪费时间的因素"。认识到这一点后，公司经过两年的实践，在提高管理效能方面产生了卓有成效的变化：

(1) 同秘书的关系更融洽、更有成效了；
(2) 制定了闭门谢客制度；
(3) 采取了经过修改的开门办公政策；
(4) 会议减少了，而会议的效率提高了。

上述4个变化中最重要的一条是同秘书的关系。秘书，不同于其他任何人，她对上司每天的工作安排负有责任，因此，在休息时间也要为上司的需要去阅读、写作，最重要的是去思考。秘书不仅必须知道工作的具体内容、上司的职能和责任，而且必须了解上司的爱好、厌恶、成见、癖好和考虑问题的方法，这样的秘书才能最有效地发挥作用。

哈里斯节约时间的第二条经验是安排闭门谢客的时间。没有得力的秘书，这样做本身也不会有什么作用。在你闭门谢客的时候，电话仍然在响，下属仍然在急待见你。但是如果秘书在这段时间热心守卫，管理者就能够专心办公。

修改后的开门办公政策也需要一个得力的秘书才能有效地发挥作用。筛选和安排求见者、指定约会时间、超时谈话的中断和结束，都由秘书来掌握。于是，那些鸡毛蒜皮的打扰和分心之事，不可思议地消失了，更多的时间让给了手边的工作。

会议的数量已经被大幅度削减了，会议的长度已经被缩短了。利用会议记录能够使缺席者同出席者一样了解情况。指定任务时要明确预定完成和检查结果的时间。由于采用预先通报的议事日程，会议可能更有成效了。研讨会以后，公司12个最高负责人每天一个半小时的例会改为每周一次，为时一个小时，这样，节省的时间对这些负责人的下属来说是一笔巨大的财富。就西太平洋航空公司总的情况来看，会议方面出现的变化是一个最有影响的节省时间因素。

(资料来源：http://www.zitn.com/case/casedetail.cfm? caseID＝0772100A4A&motifID,有修改)

思考题

1. 在闭门谢客制度和修改后的开门办公政策中,秘书帮助哈里斯处理的事情分别属于四象限图中的哪些象限?
2. 西太平洋航空公司在会议制度方面的修改有何可取之处?

案例二 米尔克——"现在就办"

维克托·米尔克是世界上屈指可数的现代化大食品公司墨西哥城推销中心的技术总监。他总是忙得不可开交,想找点时间度假非常困难,可是即便如此他的工作却从来也没有干完过。他因此参加了在墨西哥城举行的一次时间管理研讨会,并取得了很大进展。

1. 不再加班工作

米尔克说,现在我不再加班工作了。我每周工作50至55个小时的日子已经一去不复返,也不用把工作带回家了。我每天完成与过去同样的任务后还能节余1个小时。

我使用的最重要的方法是制订每日工作计划。现在我会根据各种事情的重要性安排工作顺序。首先完成第一号事项,然后再去进行第二号事项。过去则不是这样,我那时往往将重要事项延至有空的时候去做。我没有认识到次要的事项竟占用了我的全部时间。现在我把次要事项都放在最后处理,即使这些事情完不成我也不用担忧。

研讨会后出现的一个最重要的变化是,我更明确地确定了各项目标。过去我从未迫使自己写出要做的事,并将它们排列出优先次序。我发现,这样做会使我对各项目标有了明确认识,把需要别人做的事交给他人,自己则可集中精力去处理那些需亲自做的事。

对我有极大帮助的另一点是"现在就办"的概念。我有意识地尽力克服工作上的拖拉现象。我在困境中抓住一件事情就努力地一次性给予处理,这使我乱七八糟的办公桌上出现了极大的变化。实际上,推销中心参加研讨会的50名管理人员已经把杂乱无章的办公桌和人为的混乱列为第二号浪费时间的因素。

2. 在墙上贴浪费时间因素表

米尔克说,我把浪费时间因素表贴在办公桌前的墙壁上,这个地方非常醒目。我曾核对过其中20个浪费时间因素,证明它对我是非常重要的,其中有几个我曾给以特别强调,反复进行了检查。正像你看到的,我已经说过,对头号浪费时间因素(变换优先次序和拖延)和办公桌上杂乱无章的控制有了明显进展。我的第三个浪费时间因素是危机管理,通过我们的大型电脑控制室,我们能够鉴别机械或电子设备方面出现的问题。现在我们正设法预先采取措施来防止将要出现的危机问题,并且正在寻找能够更好地管理危机的办法。

(资料来源:http://www.zitn.com/case/casedetail.cfm? caseID = 0772100A4A&motifID,有修改)

思考题

1. 根据时间管理的步骤,分析维克托·米尔克如何一步步摆脱"加班工作"的魔咒?
2. 请列出自己的浪费时间因素表。

第三部分　实训操作

一、模拟实训

（一）实训项目

列出模拟公司各岗位每日作业计划清单。

（二）实训目的

通过这项实训活动,可以培训学生对时间管理的意识,掌握时间管理的原则,以便实际工作中能充分地利用好时间,提高工作效率。

（三）实训内容

（1）基于实训一的初创公司,开始本实训活动。

（2）每个人写一份在模拟公司中自己担当角色的每天工作日程安排,按照重要性和紧迫程度排序,并说明你如何根据每件事的重要性和紧迫程度安排你的时间。

（3）利用课余时间,本组人员进行讨论,谁的安排较合理。

（4）推荐一个人将其做的时间安排,在全班宣读。

（四）实训步骤

（1）各公司里的每个人写自己的时间安排计划。

（2）以小组为单位,各推荐一名学生展示自己的时间计划,时间不超过15分钟。

（五）实训总结与评估

（1）由教师找4名学生做评委,给每组打分,要符合时间安排的规范合理,满分100分。

（2）由教师再根据综合情况加减分,并进行点评,评出前三名。

（六）实训样例

拿破仑皇室饭店总经理的一天

拥有2000间客房的美国拿破仑皇室饭店的总经理弗兰克·安德森典型的一天（这天是星期一）。

7:45 从酒店的一间套房到达办公室。查看周末的统计资料,开始批阅桌上的文件。

8:05 接到副总经理的电话,他汇报了关于周末客房出租率和收入的数据,并讨论了一些人事变动问题,包括酒店未来的市场总监的聘任问题;闲聊一会儿。

8:30 和负责员工大型活动的两名主管讨论有关活动的关键问题。

9:03 一名负责酒店会议接待的协调人来到总经理的办公室,讨论正在酒店内举行的会议团体的一些问题。总经理对有关原则问题提出了自己的看法,把细节问题留待会议协调人自己解决。

9:06 在办公室签署文件时,总经理接到了工程总监的来电,他提出了3~4个问题。

9:12 总经理到1楼查看一间客房的维修工作,在那里他碰到了负责此项工作的年轻主管,该主管向总经理汇报了有关情况,总经理立即给出5点意见供参考。

9:33 保安部经理赶上了总经理,在总经理回办公室的路上一起谈论周末一位客人的汽车在停车场被盗的事情。

9:45 总经理来到餐饮部经理的办公室,商讨计划中要聘任一位新厨师的问题和星期五一个慈善宴会的事宜。

9:55 接到当地一位商人的电话,他想获得一位足球运动员的联系地址,总经理在档案文件中找到了。

9:58 酒店律师来电,就一个未判决的诉讼案件向总经理提供最新的信息。

10:00 参加由各部门负责人出席的星期一例会。他向每位与会者祝贺星期五晚上宴会的成功,与3~4个主管闲聊几句,然后,他将会议交给总监主持,自己一边听一边签署文件。会议接近尾声时,总经理传达了上周业主会议的精神,然后谈到今年新年前夜的庆祝活动计划。

11:00 会议正式结束。总经理和5位主管进行了短暂的交谈。

11:05 回到办公室,总经理接到酒店老板儿子打来的电话,要求预订一些免费客房。总经理回绝了他的要求,因为当天酒店客房已经全部出租。

11:08 副总经理过来告知,当地旅游局已经选定了一家酒店作为前来该市的一个大规模旅游代理人考察团的下榻酒店。总经理打电话给当地的旅游局长,试图获得一部分接待业务,即使是免费提供一些客房也可以。局长保证下一个旅行团会安排过来。

11:23 打电话要工程总监去检修电梯故障。

11:45 酒店老板打电话来询问有关上个月的损益表中列出的一些开支问题。总经理查阅有关信息做出了回答,双方还讨论了其他6个问题,其中包括当地的经济展望。

12:02 查阅了一份关于明年在欧洲举行高级管理课程班老同学聚会的通知。他决定参加这次聚会,并叫秘书查询一下有关此行的细节。

12:15 销售经理来告诉一家竞争酒店向一个大型会议团体提供80美元的房价,两人讨论了一会儿,但没有做出决策。

12:18 负责策划员工活动的人员前来汇报。

12:22 市长办公室来电话预订20人的私人晚餐。

12:30 午餐。

13:30 见一个新聘任的主管,讨论小会议团体的服务问题。

13:45 财务总监带着一个信用卡公司的代表前来拜见,临时会议持续了45分钟。

14:30 打电话给该市负责高尔夫球赛主办人,试图从中获得部分业务。

14:45 和驻店经理会面,讨论近来会议团体的未到率呈上升趋势、下月的房价政策及客房维修计划等问题。

14:59 餐厅经理前来汇报有关食品节的计划。

15:15 看人事部的报告,然后请人事经理前来讨论有关问题。

15:33 接受一位自由撰稿人的电话采访。

13:45 客房部经理前来报告一件客人投诉,要求免费房补偿,两人商定给予59美元的优惠房价。

16:00 一位部门副经理前来讨论人事问题。总经理给出了自己的意见。

16:15 批阅文件、拆阅信件、查阅备忘录。

16:35 副总经理和酒店经营分析员前来讨论酒店的销售预测等技术问题。

16:40 接听一家酒店总经理的电话。

16:55 打电话和另一家酒店总经理交谈。

17:00 晚餐。

18:15 和酒店的7名主管一起看球赛,期间会见了一名酒店工程专家。

19:00 回到自己的公寓。

(资料来源:http://www.100ye.com/senseshow/564425.html)

二、管理游戏

游戏一 储物桶中的水果和豆子

【项目简介】

游戏目的:通过本游戏使同学们了解时间管理的重要性以及时间管理的正确方法。

形式:个人完成。

时间:10分钟。

场地:教室。

用具:1个储物桶(容积为5升,桶里装了一半的小豆子),若干水果。

【训练步骤】

(1)桌上有一个装了半桶小豆子的储物桶及若干个水果。这些水果分别代表着幸福、金钱、大客户、机遇、爱情、伴侣、旅游、朋友、升职机会、主要目标、名誉、良好的人际关系、成功感、生命、快乐、目标、地位、别人的认可等。

(2)请一学生上台,把水果尽可能多地放入桶内,并能把桶盖儿盖好。

(3)当桶装满时,桌上还有几个水果无法放进去。

(4)这时,我们再选择用另外一种方法:先将水果全部放入桶内,再将小豆子倒入。这时全部的水果和小豆子就都被放进桶内。

【相关讨论】

(1)为什么开始的时候我们无法把水果全部放入桶内?

(2)当我们尝试另外一种做法时,为什么就可以把全部水果都放进去呢?这让我们想到了什么?

【游戏总结】

时间管理的方式不同会导致不同的结果,在工作中应该对有限的时间进行合理的分配,以取得最大的工作绩效,做到事半功倍。

游戏二 一寸光阴一寸金

【项目简介】

你珍惜生命吗?你想在有生之年有所作为吗?生命是由分分秒秒的时间组成的,时间管理的实质就是生命管理。这个游戏能加深你对这个观点的理解,有助于提高对时间管理的重要性和紧迫性的认识。

形式:个人完成。

时间:30 分钟。

场地:教室。

用具:若干纸条。

【训练步骤】

1. 假如现在你个人的生命处于 0~100 岁之间,请准备一张长条纸用笔将它划成 10 份(中间部分刚好每两列一份代表生命中的 10 年,分别写上 10、20 等,最左边的空余部分写上"生"字,最右边的空余部分写上"死"字)。

2. 教师给大家出几个问题,请学生按照教师的要求去做。

(1) 第一个问题:请问你现在多大年龄?(把相应的部分从前面撕掉)

过去的生命是再也回不来了!请撕彻底!撕干净!

(2) 第二个问题:请问你想活到多大年龄?(如果不想活到 100 岁的话就从后面把那部分撕掉)

(3) 第三个问题:请问你想多大年龄退休?(请把相应的退休以后的部分从后面撕下来,不用撕碎,放在桌子上)

就剩这么长了,这是你可以用来工作的时间。

(4) 第四个问题:请问一天 24 小时你会如何分配?

一般人通常是睡觉 8 小时,占了 1/3,吃饭、休息、聊天、休闲活动等又占了 1/3,其实真正可以工作的时间约 8 小时,只剩 1/3。

所以请将剩下来的折成三等份。并把 2/3 撕下来,放在桌子上。

(5) 第五个问题:比比看。

请用左手拿起剩下的 1/3,用右手把退休那一段和刚才撕下的 2/3 加在一起,并请思考一下要用左手的 1/3 工作赚钱,提供自己另外 2/3 的退休前及退休后的生活。

(6) 第六个问题:想一想。

你要赚多少钱、存多少钱才能维持上述自己的生活,这其中还不包括给父母、子女、配偶的开销。

(7) 第七个问题:请问你现在有何感想?

(8) 第八个问题:请问你将如何看待自己的未来?

【相关讨论】

这个游戏,你按要求做完了吗?你有什么感想?

【游戏总结】

人的生命短暂,在有限的生命里能合理安排好时间、能正确把握生活和工作效率的人,才是真正成功的人。

三、参观走访

【走访对象】

(1) 国企的高管、秘书、员工。

(2) 外企的高管、秘书、员工。

(3) 民营企业的高管、秘书、员工。

【实训目的】

了解企业不同人士是如何进行有效时间管理的。

【实训内容】

(1) 了解他们工作时段的时间安排。

(2) 利用四象限法评价和分析他们的时间安排是否合理并给出自己的理由。

(3) 判断时间管理与工作效率之间的关系。

(4) 了解企业人士的时间管理方法。

【实训组织】

(1) 全班分为9个小组,每3组负责一个类型的企业(第1~3组称为国企组,负责国企;第4~6组称为外企组,负责外企;第7~9组成为民营企业组,负责民营企业),由组长带队分别行动。

(2) 预先与走访对象取得联系,每组联系自己负责的企业。

(3) 每组专人负责做好走访资料的搜集。

【实训要求】

(1) 和各类型企业的高管、秘书、员工分别沟通,了解他们的时间管理方法。

(2) 每人写一篇走访小结。

【实训考核】

教师对学生的走访心得进行批阅打分,并选出优秀心得中全班进行交流与学习。

四、辩论互动

【题目】

时间管理利大于弊。

【实训目的】

(1) 了解时间管理的基本步骤和基本方法。

(2) 培养学生语言表达能力。

实训七 针对模拟公司某一岗位编制作业计划清单（时间管理）

【实训内容】
（1）论述时间管理的方法和步骤。
（2）论述时间管理的优缺点以及误区。
（3）探讨时间管理在生活中的应用。
（4）探讨时间管理在工作中的运用。

【方法与要领】
（1）分正方与反方两组（每组5人），全班也可以分成若干小组进行组合。
（2）正方持"时间管理利大于弊"的观点。
（3）反方以"时间管理弊大于利"的观点反驳正方论点。
（4）正、反双方在辩论中，既要回答对方的提问，又要向对方提出疑难问题，要求答辩。
（5）正、反双方举例鲜明生动，分别形成简要的书面辩论材料，呈报教师或评委。

【成绩测评】
由教师、学生或邀请管理专家组成评委组评判辩论结果。

实训八

模拟公司招聘面试

第一部分 基础理论知识

通过熟悉管理学相关的知识,进一步理解人力资源管理的基本理念,了解人力资源招聘与面试在实际工作中的应用。

一、招聘概述

员工招聘基础知识。

1. 制订人员需求计划

(1) 人力资源计划中明确规定的人员需求信息。

(2) 企业在职人员离职产生的空缺。

(3) 经相关领导批准后的企业各部门递交的招聘申请。

2. 职务说明书

(1) 职务描述。

(2) 任职资格。

二、员工招聘的基本流程

员工招聘的基本流程如图8-1所示。

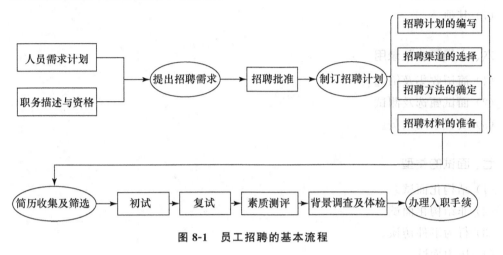

图8-1 员工招聘的基本流程

三、招聘计划的编写

一个完整的招聘计划应包括招聘目标、信息发布时间和招聘渠道、招聘小组成员名单、选择方案及时间安排、新员工上岗时间、费用预算、招聘工作时间表等内容。

四、招聘广告的设计

招聘广告主要包括以下内容。

(1) 企业简况,包括企业名称、性质、规模、所在地、福利设施等。

(2) 招聘职位与人数,包括职位名称、工作岗位(工种)、招聘人数等。

(3) 招聘条件,包括应具备的专业、学历、学位、实际工作经验、性别、年龄等。

(4) 工资、福利待遇。

(5) 应聘方式,包括应提供的资料、证明,招聘地址,联系人,电话等。

五、招聘渠道的选择

1. 内部招聘

(1) 内部聘用。

(2) 晋升。

(3) 工作轮换。

2. 外部招聘

(1) 广告招聘。

(2) 内部员工推荐。

(3) 人才交流中心。

(4) 校园招聘。

(5) 猎头公司寻找。

(6) 网络招聘。

(7) 其他。

六、人员甄选及录用

(1) 简历收集及筛选。

(2) 面试甄选及测试。

(3) 安置录用人员。

七、面试的类型

(1) 结构化面试。

(2) 非结构化面试。

(3) 行为事件访谈。

(4) 压力面试。

(5) 情景面试。

第二部分　案例分析

案例一　失败招聘的启示

位于北京东单东方广场的某外资公司因发展需要在2012年6月底从外部招聘新员工。期间先后招聘了两位行政助理(女性),结果都失败了,具体情况如下。

第一位A入职的第二天就不来上班,并且也没有打来电话说明原因,公司打电话也联系不到她。下午,A终于接电话,但不肯来公司说明辞职原因。三天后A又来公司,中间反复两次,最终决定不上班了。她的工作职责是负责前台接待。入职当天晚上公司举行了聚餐,她和同事谈得也挺愉快。A自述的辞职原因是:工作内容和自己预期的不一样,琐碎繁杂,觉得自己无法胜任前台工作。HR对她的印象是:内向,有想法,不甘于做琐碎、接待人的工作,对批评(即使是善意的)非常敏感。

第二位B工作十天后辞职。B的工作职责是负责前台接待、出纳、办公用品采购、公司证照办理与变更手续等。自述辞职原因是:奶奶病故了,需要辞职在家照顾爷爷。(但是当天身穿大红毛衣,化彩妆)HR的印象是:形象极好、思路清晰、沟通能力强,行政工作经验丰富。总经理印象:商务礼仪不好,行为举止不成熟,需要进行商务礼仪的培训。

(资料来源:http://www.jobinhe.net/news/renzi/157266.html,有修改)

> **思考题**
> 1. 招聘行政助理连续两次失败，作为公司的总经理和 HR 觉得这不是偶然现象，在招聘行政助理方面肯定有重大问题。问题出在什么地方？
> 2. 从该则失败的招聘案例中，可以得到什么启示？

案例二 丰田的全面招聘体系

丰田公司著名的"看板生产系统"和"全面质量管理"体系名扬天下，但是其行之有效的"全面招聘体系"鲜为人知，正如许多日本公司一样，丰田公司花费大量的人力和物力寻求企业需要的人才，用精挑细选来形容一点也不过分。

丰田公司全面招聘体系的目的就是招聘最优秀的有责任感的员工，为此公司做出了极大的努力。丰田公司全面招聘体系大体上可以分成 6 大阶段，前 5 个阶段招聘大约要持续 5~6 天。

第 1 阶段丰田公司通常会委托专业的职业招聘机构，进行初步的甄选。应聘人员一般会观看丰田公司的工作环境和工作内容的录像资料，同时了解丰田公司的全面招聘体系，随后填写工作申请表。1 个小时的录像可以让应聘人员对丰田公司的具体工作情况有个概括的了解，初步感受工作岗位的要求，同时也是应聘人员自我评估和选择的过程，许多应聘人员知难而退。专业招聘机构也会根据应聘人员的工作申请表和具体的能力和经验做初步筛选。

第 2 阶段是评估应聘者的技术知识和工作潜能。通常会要求应聘者进行基本能力和职业态度心理测试，评估应聘者解决问题的能力、学习能力和潜能以及职业兴趣爱好。如果是技术岗位工作的应聘人员，则更加需要进行 6 个小时的现场实际机器和工具操作测试。通过 1~2 阶段的应聘者的有关资料将转入丰田公司。

第 3 阶段丰田公司接手有关的招聘工作。本阶段主要是评价应聘者的人际关系能力和决策能力。应聘者在公司的评估中心参加一个 4 小时的小组讨论，讨论的过程由丰田公司的招聘专家即时观察评估，比较典型的小组讨论可能是应聘者组成一个小组，讨论未来几年汽车的主要特征是什么。实际问题的解决可以考察应聘者的洞察力、灵活性和创造力。

第 4 阶段应聘者需要参加一个 1 小时的集体面试，分别向丰田的招聘专家谈论自己取得过的成就，这样可以使丰田的招聘专家更加全面地了解应聘者的兴趣和爱好，他们以什么为荣，什么样的事业才能使应聘者兴奋，更好地做出工作岗位安排和职业生涯计划。

通过以上 4 个阶段，应聘者基本上可以被丰田公司录用，但是应聘者还需要参加第 5 阶段一个 2.5 小时的全面身体检查。了解应聘者身体的一般状况和特别的情况（如酗酒、药物滥用的问题）。

最后，在第 6 阶段，入职的新员工需要接受 6 个月的工作表现和发展潜能评估，新员工会接受监控、观察、督导等方面严密的关注和培训。

（资料来源：http://bbs.17hr.com/forum.php?mod=viewthread&tid=31634）

思考题

1. 丰田公司的全面招聘体系的核心是什么？
2. 该公司的全面招聘体系在企业中具有普遍适用性么？可借鉴的地方有哪些？

第三部分　实训操作

一、模拟实训

（一）实训项目

模拟公司招聘面试。

（二）实训目的

(1) 通过这项实训活动，培训学生掌握人力资源的录用过程。

(2) 学会甄别人选的方法。

(3) 了解在大学期间，要掌握的基本技能及求职应聘技巧。

（三）实训内容

(1) 基于实训一的初创公司，开始此实训活动。

(2) 基于原来拟创办的公司，进行工作分析、设计招聘启事，并进行面试。

(3) 讨论大学生在大学期间学习什么技能，适应未来职业发展需要。

（四）实训步骤

(1) 基于拟创办的公司，每个小组设计制作一份公司招聘启事。

(2) 每位学生可以根据公司招聘启事制定应聘岗位的求职简历。

(3) 根据所学的招聘与求职知识，现场模拟公司招聘。

(4) 招聘小组根据收取的简历进行快速甄选，并当场选出2名候选人进行面试。

(5) 小组面试人员根据准备的面试提纲进行人员筛选，进入面试的应聘人员要现场陈述简历及回答招聘人员提出的问题，与招聘人员进行互动。

(6) 根据学生设计的招聘启事及模拟面试，巩固知识要点，提高实践能力。

（五）实训总结与评估

(1) 由教师找4名学生做评委，给每组打分，并说出打分的理由。（满分100分）

(2) 每组分数加总后平均。

(3) 由教师再根据综合情况给每组加减分，进行点评，评出前三名。

(4) 教师做出总结。

（六）实训样例

北京联众电脑技术有限公司2010年校园招聘

校园招聘以其集中、快捷、高效、针对性强等优点历来就被一些外资企业看中，成为其招聘渠道很重要的一部分。这种招聘模式对于以内部培养为主要选拔人才方式、处于快速发展阶段的企业尤其适用。下面以北京联众电脑技术有限公司2010年校园招聘会的招聘启事为例。

（1）公司简介。北京联众电脑技术有限责任公司成立于1998年3月，是一家服务于全球网民，以提供网络棋牌及其他网络游戏为主的综合网络游戏服务商。联众公司主要股东为韩国最大的互联网企业NHN集团（KOSDAQ上市公司，由Naver和Hangame两家分别从事门户网站和棋牌类游戏的互联网公司合并成立，为韩国市值最高的互动娱乐公司）和海虹控股（深圳上市公司，公司以医药电子商务、数字娱乐及化纤工业三大业务为核心）。目前，联众公司所持有的"联众游戏品牌"已通过自主研发、经营以及合作经营的模式逐步涵盖了网络游戏相关的各个领域，拥有包括棋牌类、对战类、休闲类、大型网络图形类游戏近200种。开放的联众游戏平台已经成为国内服务和品质最好的棋牌游戏平台之一。联众，正为逐步实现"打造最大、最有价值的在线游戏门户"的远景目标而积极努力。

（2）招聘流程如图8-2所示。

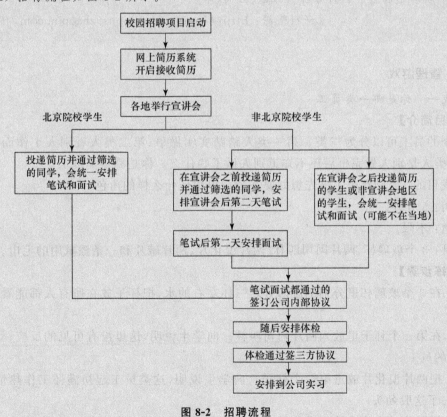

图8-2 招聘流程

(3) 招聘职位：策划/运营。

工作地区：北京。

岗位职责：

① 负责执行游戏不同版本的验收、上线和监控，并对出现的问题进行有效处理；

② 策划组织线上游戏活动和线下游戏推广活动，游戏周边产品的策划并安排设计；

③ 负责新游戏产品上线的推广、运营计划及执行；

④ 负责与各相关部门，信息传递、事务协调工作。

岗位要求：

① 大学本科以上学历，英语4级以上，具备出色的想象力和创造力；

② 熟悉网络游戏产品及市场，热爱棋牌、对棋牌游戏行业有一定了解；

③ 熟练掌握计算机网络基本知识；熟练使用各种办公软件；

④ 良好的中文文字表达能力和独立分析能力，良好的文字功底；

⑤ 对数据和玩家反应敏感，逻辑清晰。

招聘人数：若干。

(4) 确定招聘小组成员。

(5) 现场招聘过程：简历初步筛选、面谈（略）。

(资料来源：http://ourgame-campus.zhaopin.com，有修改)

二、管理游戏

游戏一 你是哪一类员工

【项目简介】

如今的员工可以分为三类。第一类人踏踏实实做事；第二类人看别人工作而自己偷懒；第三类人是别人做完事后还不知道别人做了些什么。你是哪一类员工？

游戏目的：鼓励新员工事先想好要在公司里担任什么样的角色。

时间：5分钟。

场地：不限。

用具：3个玻璃杯、两片阿司匹林、两片溴化片、两片碱片和一条擦拭用的毛巾。

【训练步骤】

(1) 在3个玻璃杯里分别倒进四分之三杯左右的水，把杯子放在所有人都能看见的桌子上。

(2) 在第一个杯子里放入两片阿司匹林。向学生说明，这里没有可见的反应，就像"无所作为"的员工。

(3) 把两片溴化片放进第二个杯子。向学生说明，这类员工起初满怀工作热情，但很快就失去了这股劲头。

(4) 把两片碱片放进第三个杯子。向学生说明，这类员工虽然并非出类拔萃，工作业绩却相对平稳。

【相关讨论】
(1) 什么样的员工在企业里面最受欢迎?
(2) 你想成为什么样的员工?
【游戏总结】
只有努力踏实做事的人,才能一直立于不败之地。
游戏二　分析一下束缚你的因素
【项目简介】
游戏目的:该游戏引导学生确定、分类并且分析一下,是什么因素对推动或阻碍人们做一件事起到了至关重要的作用。

时间:20～30分钟。

场地:不限。

用具:每人发一份纸笔。

【训练步骤】
(1) 教师表述:人们总是受制于种种束缚。然而,正是这种被约束的感觉给我们设置了重重障碍,因此应该深入探讨一下这种束缚感。
(2) 给学生 1 分钟时间,想一想他们打算开始或停止做的事。
(3) 给学生 1 分钟时间,弄清楚是什么因素阻碍他们达到自己的目的,列出一个清单。
① 实际存在的、无法通融的(比如顶头上司的命令)。
② 略有通融余地的(比如人们通常不会违背的标准政策与法规)。
③ 可以变通的(通行的步骤或人与人之间或团体与团体之间的关系)。
④ 臆想中的(有现实依据,但被我们的想象力夸大了的)。
(4) 向学生指出,有一个公司——通用电气公司(General Electric)发现它的工厂和一线管理人员认定的阻碍力量中,有 95% 应属于可以变通的和臆想中的这两个类别。
(5) 鼓励学生分析一下束缚他们的因素,鼓励他们去实践、去冒险,看看随之而来的会是什么。

【相关讨论】
(1) 你打算开始或停止做哪些事情?
(2) 你认为哪些束缚是臆想出来的?
(3) 制订一个行动计划,去克服一个阻碍。

三、参观走访
【走访对象】
企业人力资源主管或招聘专员。
【实训目的】
了解招聘的实践和招聘中应注意的事项,以便将来在实际工作中能应用。
【实训内容】
(1) 如何提高招聘效率。

(2) 招聘中应注意的事项。
(3) 做一个合格的招聘人员需要具备哪些相关知识结构。

【实训组织】
(1) 全班分 4～6 个小组,由组长带队分别行动。
(2) 预先与走访对象取得联系,每组联系招聘专员或人力资源主管。
(3) 每组专人负责做好走访资料搜集。

【实训要求】
(1) 和招聘专员或人力资源主管沟通,学习人力资源招聘实践知识。
(2) 每人写一篇走访小结。

【实训考核】
教师对学生的走访心得进行批阅打分,并选出优秀心得中全班进行交流与学习。

四、辩论互动

【题目】
企业内部招聘好于外部招聘。

【实训目的】
(1) 了解掌握招聘渠道的基本内容。
(2) 培养学生语言表达能力。

【实训内容】
(1) 论述招聘渠道的方法。
(2) 论述内部招聘和外部招聘的优缺点。
(3) 探讨招聘实践的应用。

【方法与要领】
(1) 分正方与反方两组,全班也可以分成若干小组进行组合。
(2) 正方持"企业内部招聘好于外部招聘"的观点。
(3) 反方以"企业外部招聘优于内部招聘"的观点反驳正方论点。
(4) 正、反双方在辩论中,既要回答对方的提问,又要向对方提出疑难问题,要求答辩。
(5) 正、反双方举例鲜明生动,分别形成简要的书面辩论材料,呈报教师或评委。

【成绩测评】
由教师、学生或邀请管理专家组成评委组评判辩论结果。

实训九

设计模拟公司的激励方案

第一部分 基础理论知识

通过熟悉管理学相关的知识,进一步理解激励的基本理论,掌握有关激励方法在企业中的应用。

一、激励基本理论

1. 马斯洛的"需要层次理论"

美国心理学家亚伯拉罕·马斯洛(Abraham Harold Maslow)认为,人类的需要影响人的行为,人类的需要是以层次的形式出现的。马斯洛认为,每个人都有五个层次的需要:一是生理的需要,二是安全的需要,三是社交的需要,四是尊重的需要,五是自我实现的需要。

2. 赫茨伯格的"双因素理论"

美国心理学家赫茨伯格(F. Herzberg)认为:满足需要未必能起到激励的作用,要看满足什么样的需要。人类有两种不同类型的需要,或者对激励而言,存在两种不同类型的因素,保健因素和激励因素。赫茨伯格称能促使人们产生工作满意感的因素为激励因素,相应地称另一类促使人们产生不满意的因素为保健因素。这两种因素彼此独立,而且能以不同的方式影响人的行为。

3. 弗洛姆的期望理论

期望理论是美国心理学家弗洛姆(V. H. Vroom)1964年在他的《工作与激励》一书中提出的。期望理论的基本观点是:人们之所以能够从事某项工作并达成组织目标,是因为这些工作和组织目标会帮助他们达成自己的目标、满足自己某方面的需要。用公式表示为：

$$激励力 = 期望值 \times 目标效价$$

其中：激励力是指激励水平的高低，它表明调动一个人积极性，激发出其内部潜力的强度；目标效价是指达成目标后对于满足个人需要期望价值的大小。

4. 亚当斯的"公平理论"

公平理论是美国学者亚当斯(J. S. Adams)于1965年提出来的。他的基本观点是，当一个人付出了劳动并取得了报酬以后，他不仅关心自己所得报酬的绝对量，而且关心自己所得报酬的相对量。因此，他要进行种种比较来确定自己所获报酬是否合理，比较的结果将直接影响今后工作的积极性。在权衡比较中，可能出现三种情况：比率相等、等式取小于号和等式取大于号。

付出与报酬的比较方式包括两种：一种比较称为横向比较，另一种是纵向比较。

二、激励的过程

激励是"需要—行为—满意"的一个连锁过程，人的激励过程如图9-1所示，一个人从有需要到产生动机是一个心理过程。

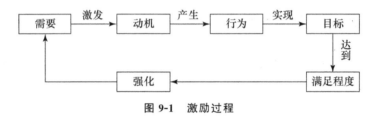

图9-1 激励过程

三、激励的作用

(1) 强化有利于组织目标的需要。
(2) 引导动机导向对组织目标有力的行为上来。
(3) 提供有利于组织目标行为的必备条件。

四、有效激励的基本原则

(1) 物质利益原则。
(2) 公平原则。
(3) 差异化和多样化原则。

五、常见激励的方法

1. 内在激励方法
(1) 工作丰富化。
(2) 职工参与管理。
(3) 目标激励法。

(4) 榜样激励法。

2. 外在激励方法

(1) 奖励,奖励是外在激励的主要方法之一。

(2) 培训,给个人提供各种学习、锻炼的机会是一种有效的激励方式。

(3) 惩罚,组织利用惩罚手段,诱导员工采取符合组织需要的行动的一种激励方法。

第二部分　案例分析

案例一　柯达公司的激励之道

作为世界上最大的影像产品及相关服务的生产和供应商,柯达公司采取多种激励手段激励自己的员工。柯达公司为员工提供富有竞争力的薪资,并根据员工的业绩表现灵活地进行调整;各种福利、奖励一应俱全,一起构成柯达公司对员工的高效物质激励机制。

柯达公司致力于创造一种环境,能够让管理者与员工进行自由的沟通,包括一对一的沟通、团队的沟通。当管理者与员工沟通时,交流是面对面的双向沟通,会让员工觉得自己是被重视的。当柯达公司高层领导人来访公司时,公司会安排出色的员工与领导人共进午餐,这不但为员工接触高层领导提供了机会,更是对工作业绩突出的员工的肯定与激励。业务部门的领导也会经常与近来部门里表现突出的员工一起吃饭,与员工进行交流与沟通。

柯达公司的核心价值观的第六条"论绩嘉奖"明确指出,要利用各种机会,在各种公开场合为同事们所取得的成绩欢呼鼓舞,向所有为柯达公司的成功做出贡献的个人、团队、员工等表示祝贺。论绩嘉奖是柯达公司日常工作中不可分割的一部分。每当员工做出业绩,取得工作上的成就,柯达公司会及时给员工发一封感谢信,它也许只是一个简单的 e-mail。但柯达公司认为,及时的肯定与表扬对员工所起到的激励作用是非常明显的,日积月累,员工会认为自己的每一个业绩被公司肯定,自己的发展一直在被公司所重视。柯达公司也会及时地通过嘉奖会的形式对员工出色的表现予以肯定,激励员工继续取得更大的进步。对于在柯达公司重大的项目、工程、事件等工作中有突出贡献的员工,柯达公司会给予特殊的嘉奖。包括经济上和精神上的嘉奖,让员工倍感自己在公司的重要性。

(资料来源:http://edu.sina.com.cn/l/2004-03-20/63043.html,有修改)

思考题

1. 请用所学的一种激励理论评价柯达公司的"论绩嘉奖"。
2. 本案例中涉及了哪几种激励方式?

案例二　花旗集团的激励机制

作为全球最大的金融机构，花旗集团建立了完善、科学的激励体系，并随市场与公司的发展情况进行及时调整。

与众多著名500强巨头一样，花旗集团实行业绩管理和目标管理，而更倾向于采取开放性的考核管理。花旗集团对员工考核的依据就是员工对年初所制定的目标的实现情况。每年年初，员工都要设定自己的年度工作目标，年底对一年的工作进行评估。对员工业绩的考核实行"四方认可"制：首先员工对目标进行描述，并由上级进行审核，给出综合的评分，经员工与直接主管双方签字认可之后，再将考核报告呈交给直接主管的上级，签字认定后最后呈报给人力资源部签字并存档。花旗集团对员工的考核和评定都是公开、透明的，四方签字认可确保了评定考核过程与结果的公正与客观性，有效避免了主观性所带来的不公平现象，保证了员工的利益。员工有权利查看自己的档案和了解相关考核记录，所有有关员工的考核和评价必须有员工本人的签字才能生效。一般情况下，花旗集团员工的考核结果分为优异、称职、不称职三种情况。对员工的考核与评定将直接影响到花旗员工的加薪晋升机会，花旗集团将根据考核结果对员工采取赏罚分明的激励措施，为表现突出的优秀员工加薪、升职，给予他们更多的培训机会以及海外工作机会；同时，对于不称职的员工，公司也将给予必要的提醒，显然，他们得到诸如加薪、晋升、培训等的机会将大大少于优秀员工。

每年年底，根据员工的不同业绩表现，每一名员工都会得到花旗颁发的红包，奖励的金额不等，奖励员工一年的辛勤贡献。花旗银行中国区表现突出的员工，还将被奖励赴澳大利亚等海外旅游，并可以携带一名家属。这种激励方式不但对员工起到了有效的激励作用，增加了员工的忠诚度，更赢得了员工家属的理解和支持，让他们感到自己的亲人在一个人性化的氛围中工作，也增强了家属对员工的自豪感。花旗银行还给予员工花旗银行的期权，使银行利益与员工个人利益紧密联系在一起。

在花旗，鼓励员工承担更大的责任，让他们稳步成长为优秀的金融专业人才。每一次职位的晋升，每一次给员工设定更大的目标，每一次对员工的挑战，都激励着花旗员工奋勇向前，为给花旗创造更优秀的业绩，为实现自己的职业梦想而努力。在花旗集团，表现突出的员工将得到更多的培训机会，将被派往马尼拉的花旗亚太区金融管理学院，甚至美国总部进行培训，全面提高各种技能，锻炼领导力，开拓国际化视野，为担当更大责任做准备。

（资料来源：http://edu.sina.com.cn/l/2004-04-26/66371.html，有修改）

思考题

1. 请用所学的一种激励理论评价花旗银行的员工业绩管理和目标管理。
2. 本案例中涉及了哪几种激励方式？

第三部分 实训操作

一、模拟实训

（一）实训项目

设计模拟公司的激励方案。

（二）实训目的

（1）通过本项实训活动，可以培训学生掌握激励的基本理论。

（2）熟悉激励实务的设计方法。

（三）实训要求

（1）全班学生分成若干组，每组6～8人。

（2）基于原来拟创办的公司，利用课余时间，本组人员进行讨论，设计激励方案。

（3）激励方案应结合拟办公司及其人力资源的特点。

（四）实训步骤

（1）基于实训一的初创公司，开始此实训活动。

（2）以小组为单位宣读激励机制方案，并说明激励目的与设计理由，时间不超过10分钟。

（3）每组宣读完激励方案后，同学进行讨论其激励作用的大小。

（五）总结与评估

（1）由教师找4名学生做评委，给每组打分，并说出打分的理由。（满分100分）

（2）每组分数加总后平均。

（3）由教师再根据综合情况给每组加减分，进行点评，评出前三名。

（4）教师做出总结。

（六）实训样例

黄某等所创公司的激励方案

黄某等7人，均为某大学自动化专业2010级本科生，合伙经营一家名为"久创科技"的电脑服务公司，主要业务包括组装电脑的导购，电脑及配件的代售，电脑故障维修等。2010年，黄某等人参加了学校的创业计划大赛，虽然比赛结果并不很突出，但却激发了他们的创业热情。比赛结束后，黄某就和同学商量成立电脑服务公司，准备进行真实的创业。他的这一想法得到了其他8位同学的响应，通过商议，黄某出资2000元，其他人每人出资1000元，共计10000元启动资金。同年7月，正式成立久创科技公司。在后来的经营当中，有两名同学因为自身经济困难而撤资，其他7人继续维持经营。7名同学根据自身特点和专业特长，分块负责公司的各项业务；店面的营业人员由7名同学轮流充当。由于公司初创，为增强凝聚力，平常的工作量和业绩并不直接与利益挂钩，而采取平均分配利润的方式。公司也利用各种机会,在各种公开场合为成员所取得的成绩欢呼鼓舞,向他们表示祝贺。每个周末,全体公司成员齐相聚,分享经验,交流感情,共同为公司未来献计献策。在经营中,公司成员发现自身存在很多不足,于是由公司承担部分培训费用,有计划地安排成员参加了一些管理知识和专业技能的培训。营业一年多来,业绩不错,已收回投资,并于2012年6月开始盈利。

(资料来源:http://www.yjbys.com 在校大学生创业案例分析,有修改)

二、管理游戏

游戏一　动机练习

【项目简介】

游戏目的:动机是内在的,外在的奖励能激励人们的行为。

人数:集体参与。

时间:10分钟。

场地:不限。

用具:用于贴在椅子下面的几张一元的钞票。

【训练步骤】

(1) 教师对学生说:"请举起你们的右手。"过一会,谢谢大家,问他们:"你们为什么举手?"回答会是,"因为你要我们这么做",或是"因为你说请"。

(2) 得到3~4个答案后说,"请大家站起来,并把椅子举起来"。

(3) 绝大多数的情况下,没有人会采取行动,教师继续说:"如果我告诉你们,椅子下面有钱,你们会不会站起来并举起椅子看看?"

(4) 绝大多数人仍然不会行动,于是教师说:"好吧,我告诉你们,有几张椅子底下真的有钱。"(通常2至3个学生会站起来,然后很快,所有人都会站起来。)

【相关讨论】

(1) 为什么教师第二次请学生做事时,要花费更多的努力?

(2) 钱是否能激励你(强调指出金钱并非总是人们的动机所在)?

(3) 激励人们的正确方法是什么?

【游戏总结】

(1) 教师第二次请学生们做事时,学生们认为要花费力气,因而教师就要花费更多的努力去让他们做事。

(2) 钱是激励的一个外在因素。

(3) 激励人们的正确方法是,让他们自己想去做。

游戏二　再撑一百步

【项目简介】

游戏目的:本游戏通过讲故事的形式,让学生理解培训课程中"激励"的重要性。这个故事采取生动的比喻,将管理学中的"激励"向学生娓娓道来,并对他们的行为有所启发,可以指导他们的学习和工作。

人数：不限。

时间：10分钟。

场地：不限。

用具：无。

【训练步骤】

(1) 让学生们做好，尽量采取让他们舒服和放松的姿势。

(2) 教师给学生讲述如下的故事：美国华盛顿中一块岩石上，立下了一个标牌，告诉后来的登山者，那里曾经是一个女登山者躺下死去的地方。她当时正在寻觅的庇护所"登山小屋"只距离她一百步而已，如果她能多支撑一百步，她就能活下去。

(3) 故事讲完后，让学生们就此故事展开讨论，让他们讲讲听完这个故事后能得到什么启发。

【相关讨论】

这个故事给你带来什么启发？

【游戏总结】

(1) 这是一个很有寓意的故事。故事告诉我们，倒下之前再撑一会儿。胜利者，往往是能比别人多坚持一分钟的人。即使精力已耗尽，人们仍然有一点点能源残留着，运用那一点点能源的人就是最后的成功者。人生中充满风雨，懂得竭尽全力抵抗风雨的人才是人生的主宰者，才不会被命运打倒。

(2) 引导学生了解这一层意思之后，可以鼓励他们多想一些激励的方法。这个环节本身就是一个激发学生潜能的例子。让学生们自己想一些激励法也可以帮助他们加深记忆，以便将这种理念带回到工作中去。

三、参观走访

【走访对象】

企业管理者与员工。

【实训目的】

通过对企业管理者和员工的访谈和实地参观，使学生了解激励的过程，掌握激励方法中企业管理中的实际应用。

【实训内容】

(1) 访谈激励中对人的认识。

(2) 访谈企业激励方法与效果。

(3) 通过对企业管理者的走访，了解该企业所应用的激励措施。

(4) 访问企业员工，了解他们对现有激励措施的态度。

【实训组织】

(1) 把全班学生分成若干小组，一般每组为4~6人比较合适。

(2) 各小组首先走访企业领导，了解有关激励措施。

(3) 在掌握基本情况后,再走访员工,分析上述措施的实际效果。

【实训要求】

(1) 和主管和员工沟通,学习激励的过程与方法实践知识。

(2) 每人写一篇走访报告。

【实训考核】

学生提交走访报告,供教师考察此次实训的实际效果,记入成绩。

四、辩论互动

【题目】

人性化管理让激励达到最高境界。

【实训目的】

(1) 了解掌握激励的基本理论。

(2) 培养学生正确运用激励方法的能力。

(3) 学会运用激励手段。

【实训内容】

(1) 论述激励理论中实践中的运用。

(2) 论述激励方法中管理中的运用。

(3) 探讨人性化管理的激励措施。

【方法与要领】

(1) 分正方与反方两组(每组5人),也可将全班分成若干组进行组合辩论。

(2) 正方站在人性化管理立场论述对激励的作用等。

(3) 反方站在激励理论和多种激励方法的立场反驳人性化管理的片面性。

(4) 正、反双方在辩论中,既要回答对方的提问,又要向对方提出疑难问题,要求答辩。

(5) 正、反双方举例鲜明生动,分别形成简要的书面辩论材料,呈报教师或评委。

【成绩测评】

由教师、学生或邀请企业管理者组成评委组评判辩论结果。

实训十

模拟分析企业管理创新的内容和程序

第一部分 基础理论知识

通过熟悉管理学相关的知识,掌握创新思维方法,学会制度创新、技术创新、管理方式创新的内容及其在实践中的运用。

一、管理创新的动因

1. 管理创新的外部动因

(1) 社会文化环境的变迁。

(2) 经济的发展变化。

(3) 自然条件约束。

(4) 科学技术的发展。

2. 管理创新的内部动因

(1) 人的心理活动需求。

(2) 实现自我价值的愿望。

(3) 经济因素。

二、管理创新的主体

1. 创新型企业家

2. 有创新精神的管理者

3. 有创新精神的员工

三、管理创新的内容

1. 制度创新

制度创新主要包括产权制度、经济制度、管理制度和组织制度等方面内容的创新。

2. 技术创新

技术创新主要表现在要素创新、要素组合方法的创新以及产品创新几个方面。

3. 管理方式创新

管理方式创新主要包括管理方法、管理工具、管理模式、管理文化的创新。

4. 三种创新的关系

制度创新、技术创新和管理方式创新三者是相辅相成的关系。

四、管理创新的程序

创新的过程可以划分为以下五个阶段。

(1) 信息处理。

(2) 战略构思。

(3) 资源投入。

(4) 实施。

(5) 学习和再创新。

五、管理创新能力的开发

1. 投入创新资源

从管理的角度分析,创新资源的投入既包括人力、物力、财力的物质性投入,也包括政策、制度等非物质性投入。

2. 激发创新精神

一是价值观由从众转变成为标新立异;二是经验已经相对地贬值,而继续学习的能力被日益重视;三是人们不再热衷于稳定的工作,而是追求快速的、有活力的工作;四是强调快速反应,而不是深思熟虑;五是创新型的公司中,人才的价值直线上升,而资本的价值不断下跌。

3. 建立创新机制

(1) 鼓励学习。

(2) 内部竞争。

(3) 沟通信息。

(4) 容忍失败。

(5) 支持创新者。

(6) 支持创新者建立有效的创新机制。

4. 构建创新组织

提高创新能力的重要途径,就是建立学习型组织,促进企业的个体知识向组织知识的转化。

  5. 创新思维方法

创新者需要具备纵向、横向和逆向思维的能力。

  6. 捕捉创新机会

在捕捉创新机会时,系统地分析环境有利于寻找创新的机会。

第二部分 案例分析

案例一 破茧织锦

日本一年的包裹运输量约有 14 亿件,其中 50% 的业务量,是由"大和运输公司"所承揽。在东京、大阪、横滨、福冈等都市的大街小巷,随时可以看到有黑猫标志的大小货车穿梭往来,即可知其业务鼎盛的状况。

"大和运输"创办人小仓昌男,更是企业界传奇性的人物。1976 年他到纽约时,看到 UPS 速递、联邦快运、敦豪快运(DHL)的送货车繁忙的景象,就兴起经营此行业的念头。然而,回到日本向运输省申请许可时却遭到刁难,几经谈判皆不得要领。

个性强悍、意志坚定的小仓,于是向法院控告运输省,这一公然向行政权力挑战的行为,在日本可谓史无前例。不料,原本受制于运输业者的运输省自知理亏,为免事态扩大,于是迅速核发许可证。

大和运输公司成立之后,小仓以美国的经营管理为师,并配合本土的习惯需求加以改进,因此业务发展快速。综合小仓的管理,有以下几个特色。

(1) 摒弃运输业雇佣运输省退休官员的陋习,管理阶层大胆起用新人,使公司上下士气旺盛,充满活力。

(2) 注重服务品质,收货、送货到家。

(3) 不论日本任何地方,都要一日送达。

(4) 价格低廉。

小仓认为经营包裹运输是新兴的服务业,服务业的生存,不但要以"物美价廉、物超所值"争取顾客,更要做到"不负所望、超乎所望"的境界。因此,大和运输公司的运送中当时无快递之名,却已有快递之实,更重要的是收费比邮局或其他运输业者都低。

(资料来源:樊丽丽. 趣味管理案例集锦[M]. 北京:中国经济出版社. 2005)

> **思考题**
>
> 1. 小仓是如何捕捉创新信息的?如何排除障碍的?
> 2. 小仓的管理创新对我们有什么启示?

案例二　劣质雨伞为何畅销

台湾某企业,通过调查发现,美国没有制伞工厂,也没有修伞工匠。这家企业同时也发现,尽管美国人以车代步,但有时因交通不便,恰又遇上雨雪,走路时也需要雨伞,但美国人使用伞的频率较低,所以对伞的质量等方面并无要求,用了两三次就随便扔掉。这家企业根据这个特点,专门设计、生产一种适合美国雨伞市场要求的雨伞。他们尽量使用廉价材料,只要颜色、花样还可以就行,这样便使生产成本降到最低。销往美国时,售价也很低,一把雨伞一般售两三美元,这种雨伞出来后,大受美国经销商的欢迎。投入美国市场后,证明的确非常符合美国人的消费特点。于是其他台湾制伞企业纷起效仿,一时台湾劣质雨伞充斥美国市场,市场占有率达60%以上,年销售额2000万美元以上。

(资料来源: http://www.100xuexi.com. http://yingyu.100xuexi.com/view/specdata/20100617/A27ED8A8;298B-4306-4306-8D84-9F27CBB7AC7F.html.)

思考题

1. 作为企业的决策者,应怎样注重市场创新?
2. 劣质雨伞畅销对我们有什么启示?请用管理的概念和原理进行分析。

第三部分　实训操作

一、模拟实训

(一) 实训项目

模拟分析企业管理创新的内容和程序。

(二) 实训目的

(1) 增强学生对企业改革创新的感性认识。

(2) 培养和提高对管理创新内容的分析能力。

(3) 培养学生管理创新程序办事的能力。

(三) 实训要求

(1) 以模拟公司为单位拟定调查提纲,调查的内容主要包括:企业创新的特点和核心要求、企业创新的动因、管理创新的主体、制度创新、技术创新和管理方式创新的情况。

(2) 要求学生自行联系企业进行调查。

(3) 个人的调查分析报告必须按照调查提纲的脉络和要求撰写,并且要结合企业的实际情况。

(四) 实训内容

(1) 正确理解管理创新的动因。

(2) 分析制度创新、技术创新和管理方式创新的内容及关系。

(3) 运用管理创新程序对照企业现状。

(4) 以模拟公司为单位,到改革成功或失败的企业进行调查,或系统搜集企业的改革资料。

(5) 写出简要的模拟分析报告,并以班级为单位进行交流。

(五) 实训总结与评估

(1) 每个人提交一份简要的调查分析报告。

(2) 教师根据学生的调查报告和中班上交流的情况评定成绩。

(3) 培养分析与识别企业类型的能力。

(4) 培养分析与初步认识现代企业制度的能力。

(六) 实训样例

诺基亚从多方面着手激励创新

(芬兰)诺基亚公司研发部门领导人努佛(Jrjo Neuvo)加入公司前是知名的学者,他把自己现在的工作职责视为"解除员工想法上的限制,以寻找下一个热卖产品"。

"没有任何一个想法不值得一听",他这么告诉员工,虽然让公司推出了一些不叫座的产品,但也孕育了创新商品。

推出机身无天线的手机,便是一个很好的例子。1996年,一名工程师提出了把手机的天线移至机体内的想法,当时这个想法立刻遭到反对,有些高阶层主管认为,当消费者看不到天线时,他们会以为手机的传输能力不够强。但是努佛却全力支持,不断在公司内进行推销,甚至指导这位工程师如何向提出质疑者解说。这个原本有可能胎死腹中的创意,在1998年手机成品上市时,成为诺基亚史上最赚钱的产品之一,并且引起竞争对手的纷纷效仿。

此外,如果项目风险不大,需要的资源也不多,公司完全授权给项目负责人,在不需要经过高阶主管的允许下,可以自行在产品中添加新功能。

上述是采用逆向思维创新方法的案例。拥有源源不断的好点子,是公司成功的秘诀。尤其在瞬息万变的今日社会,公司、企业或个人的成败往往取决于其应变之道。因此,千方百计地激发下属出点子,广泛激励下属创新是企业迈向成功的关键。

(资料来源:陈世艳,徐银富.管理学实训教程[M].广州:暨南大学出版社,2006.有修改)

二、管理游戏

游戏一 智拼菱形

【项目简介】

游戏目的:通过这个游戏可以拓展思路,培养学生们的创新精神并改进工作方法,此外还可以起到活跃气氛和激发学生兴趣的目的。

人数:全体学生。

时间:5分钟。

场地:教室。

用具:火柴若干。

【训练步骤】

(1) 发给每个学生8根火柴,要求他们在最短的时间内用这8根火柴拼出一个菱形,要求菱形的每个边只能由一根火柴构成。最先拼出的人可以举手向教师示意。

(2) 教师在旁观察每个人的方法是否相同,最后选出最快且合乎要求的学生。

(3) 教师应该统计出拼对者的数量。

【相关讨论】

(1) 想想你遇到一些问题的时候思维有没有被局限?

(2) 如何从多个角度来看待同一个问题?

【游戏总结】

(1) 游戏做成功的人,可能有两种可能,一种人平时就表现得很灵活,一件事情可以从多个角度分析,一个问题可以用多种方法解决;另一种人就是所谓的"直心眼"的人,这种人对别人的话很信任,不会加进自己的想法,别人说一就是一。

(2) 创新需要多动脑筋,不能墨守成规。

游戏二　开动脑筋

【项目简介】

游戏目的:发散性地思考问题,迅速转动大脑搜求各种方法解决问题称为开动脑筋,其意义在于能激发学生的创造性思维,鼓励他们更有创造力地去解决问题。

人数:全体学生

时间:15分钟。

场地:不限,最好是带沙发的舒适的休息室。

用具:铅笔或者其他任何物品。

【训练步骤】

(1) 确定一样物品,比如可以是铅笔或者其他任何东西,让学生1分钟之内想出铅笔的尽可能多的用途。

(2) 5人为一个小组,每个组选出一人记载本组所想出的主意的数量,在1分钟之后,推选出本组中最新奇、最疯狂、最具有建设性的主意,想法最多、最新奇的组获胜。

(3) 规则。

① 不许有任何批评意见,只考虑想法,不考虑可行性。

② 想法越古怪越好,鼓励异想天开。

③ 可以寻求各种想法的组合和改进方法。

【相关讨论】

(1) 举例说明生活中如何提升我们的创造力?

(2) 你有没有嘲笑过你周围的人异想天开?

(3) 如果你可以得到一个从未有过的东西,你想要什么?

【游戏总结】

（1）人的大脑是一个无比奇怪的器官，它所蕴藏的力量是世人所无法估量的。在短时间内，聚精会神地开动脑筋会有助于许多富于创造性想法的提出。

（2）不要嘲笑人们异想天开，要知道科技和人类的进步正是建立在一项又一项异想天开的设想基础上的。

（3）在解决问题的时候，开动脑筋寻找灵感往往用来解决诸如创意这类的难题，但是它还取决于一个环境氛围的因素，只有在一个民主、完全放松的环境中，人们才能异想天开地想出解决问题的办法。

（资料来源：杜立辉，冉斌. 团队圆舞曲——魔鬼训练营[M]. 深圳：海天出版社，2006. 有修改）

三、参观走访

【走访对象】

创新企业或企业管理创新的部门。

【实训目的】

（1）了解企业管理创新的内容、特点，进一步加深理解管理创新的含义、原则等。

（2）探索管理创新的步骤、策略与技巧。

（3）培养和锻炼学生的创新思维能力以及运作技术和方法。

【实训内容】

（1）总结该企业管理创新涉及哪几个方面的内容。

（2）思考管理创新的特点、模式、方式是什么。

（3）分析该企业管理创新的策略与具体创新方法有哪些。

（4）分析该企业管理创新的思维方法有什么优点，如何应用。

（5）对该企业参观走访后得到什么启示。

【实训组织】

（1）全班分 4~6 个小组，由组长带队分别行动。

（2）以座谈会或深度面访形式，调查某一企业的管理创新活动。

（3）参加人员认真做好记录，有条件的可以通过录音、录像获取资料，以供全班使用。

【实训要求】

（1）要求学生自行联系企业进行走访。

（2）用自己所掌握的管理创新理论知识分析该企业管理创新的方法优缺点。

（3）每人写一篇走访报告，要结合企业的实际情况。

【实训考核】

每位学生撰写一篇参观走访报告或心得体会，教师批阅评分，优良者可在全班交流学习。

四、辩论互动

【题目】

思维创新是管理创新的首要前提。

【实训目的】

(1) 了解掌握管理创新的动因和内容。

(2) 培养学生正确运用管理创新程序的思维,提高开发创新能力。

【实训内容】

(1) 论述管理创新的基本理论的应用。

(2) 论述管理创新程序的应用。

(3) 论述思维创新的内容与特点的应用。

(4) 探讨如何开发管理创新能力。

【方法与要领】

(1) 分正方与反方两组(每组5人),全班也可以分成若干小组进行组合。

(2) 正方坚持"只有思维创新才能实现管理创新"的观点。

(3) 反方以"管理创新(动因、内容、程序、能力的开发等)"观点反驳正方论点。

(4) 正、反双方在辩论中,既要回答对方的提问,又要向对方提出疑难问题,要求答辩。

(5) 正、反双方举例鲜明生动,分别形成简要的书面辩论材料,呈报教师或评委。

【成绩测评】

由教师、学生或邀请管理专家组成评委组评判辩论结果。

实训十一

基于模拟公司进行内部上下级沟通技巧实训

第一部分 基础理论知识

通过熟悉管理学的相关知识,进一步理解沟通的基本理论,掌握沟通技巧,基础知识回顾如下。

一、沟通类型

(1) 按信息传递的媒介,沟通可以分为口头沟通、书面沟通和非语言沟通。

(2) 按信息流向分,可以将沟通分为自上而下的沟通、自下而上的沟通和横向交叉的沟通。

(3) 按信息传递的途径分,沟通可以分为正式沟通与非正式沟通。

(4) 按信息传递的范围,沟通可以分为组织内部沟通和组织外部沟通。

二、沟通过程及障碍

(一) 沟通过程

沟通过程如图 11-1 所示。

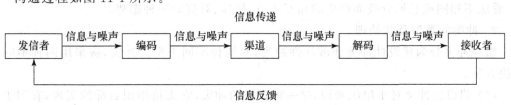

图 11-1 沟通过程图

(二) 沟通障碍

(1) 物理性沟通障碍。

(2) 管理性沟通障碍。

(3) 心理性沟通障碍。

(4) 语言性沟通障碍。

三、有效沟通的原则

(1) 明确沟通的目标。

(2) 具备科学的思维。

(3) 管制信息流。

(4) 讲究语言艺术。

(5) 了解沟通对象,增强沟通针对性。

(6) 选择恰当的沟通渠道与方法。

(7) 及时地运用反馈。

四、沟通技巧与沟通方法

1. 信息发送的技巧

(1) 发出的信息要清晰、完整。

(2) 要将信息编译成接收者容易理解的传递符号。

(3) 选择适当的传输媒介。

(4) 避免信息被过滤和曲解。

(5) 信息中应包含反馈机制。

(6) 提供准确的信息,避免谣言的传播。

2. 信息接收的技巧

(1) 要集中注意力。

(2) 批判式倾听。

(3) 移情式倾听。

五、冲突的协调

1. 对冲突的认识

从管理学角度看,冲突可以理解成两个或两个以上的行为主体中特定问题上目标不一致、看法不相同或意见分歧而产生的相互矛盾、排斥、对抗的一种态势。

2. 冲突的类型及其处理

组织冲突分为建设性冲突和破坏性冲突,对两种不同类型的冲突,应采用两种不同的解决方案。

(1) 建设性冲突对于组织来说,是一种积极的冲突,它支持组织目标的实现,有利于暴露组织活动中的弊端。

（2）破坏性冲突是指有碍于组织目标实现和有损于组织利益的冲突。破坏性冲突往往由组织内的部门之间或成员之间的利害关系引发，是一种消极的利益冲突。

3. 协调组织冲突的策略

协调组织冲突有 6 种策略可以选择：回避、强制解决、妥协、树立更高目标、合作、谈判。

第二部分 案例分析

案例一 与上级沟通——杨瑞的困惑

杨瑞是一个典型的北方姑娘，在她身上可以明显地感受到北方人的热情和直率，她喜欢坦诚，有什么说什么，总是愿意把自己的想法说出来和大家一起讨论，正是因为这个特点，她在上学期间很受教师和同学的欢迎。今年，杨瑞从西安某大学的人力资源管理专业毕业，她认为，经过四年的学习自己不但掌握了扎实的人力资源管理专业知识而且具备了较强的人际沟通技能，因此她对自己的未来期望很高。为了实现自己的梦想，她毅然只身去广州求职。

经过将近一个月的反复投简历和面试，在权衡了多种因素的情况下，杨瑞最终选定了东莞市的一家研究生产食品添加剂的公司。她之所以选择这家公司是因为该公司规模适中、发展速度很快，最重要的是该公司的人力资源管理工作还处于尝试阶段，如果杨瑞加入她将是人力资源部的第一个人，因此她认为自己施展能力的空间很大。

但是到公司实习一个星期后，杨瑞就陷入了困境中。

原来该公司是一个典型的小型家族企业，企业中的关键职位基本上都由老板的亲属担任，其中充满了各种裙带关系。尤其是老板给杨瑞安排了他的大儿子做杨瑞的临时上级，而这个人主要负责公司研发工作，根本没有管理理念，更不用说人力资源管理理念，在他的眼里只有技术最重要，公司只要能赚钱其他的一切都无所谓。但是杨瑞认为越是这样就越有自己发挥能力的空间，因此在到公司的第五天杨瑞拿着自己的建议书走向了直接上级的办公室。

"王经理，对于一个企业尤其是处于上升阶段的企业来说，要持续企业的发展必须在管理上狠下工夫。我来公司已经快一个星期了，据我目前对公司的了解，我认为公司主要的问题在于职责界定不清；员工的自主权力太小致使他们觉得公司对其缺乏信任；员工薪酬结构和水平的制定随意性较强，缺乏科学合理的基础，因此薪酬的公平性和激励性都较低。"杨瑞按照自己事先所列的提纲开始逐条向王经理叙述。

王经理微微皱了一下眉头说："你说的这些问题我们公司也确实存在，但是你必须承认一个事实——我们公司在赢利，这就说明我们公司目前实行的体制有它的合理性。"

"可是，眼前的发展并不等于将来也可以发展，许多家族企业都是败在管理上。"

"好了，那你有具体方案吗？"

"目前还没有,这些还只是我的一点想法而已,但是如果得到了您的支持,我想方案只是时间问题。"

"那你先回去做方案,把你的材料放这儿,我先看看然后给你答复。"说完王经理的注意力又回到了研究报告上。

杨瑞此时真切地感受到了不被认可的失落,她似乎已经预测到了自己第一次提建议的结局。

果然,杨瑞的建议书石沉大海,王经理好像完全不记得建议书的事。杨瑞陷入了困惑之中,她不知道自己是应该继续和上级沟通还是干脆放弃这份工作,另找一个发展空间。

(资料来源:http://blog.gxsti.net/u/icanchange,有修改)

思考题

1. 本案例中,杨瑞和上级领导之间的沟通存在什么样的问题?
2. 如果你是杨瑞,你将如何与上级进行有效的沟通?

案例二 与下级沟通——张凤鸣的"管理经"

1998年张凤鸣调到民生银行的广州分行任行长,当时国内银行的营销尚处在起步阶段,但在广州这个中国经济的前沿城市,金融市场已经嗅出浓浓的硝烟味了。如何在这个强手如林的市场上立住脚,是摆在张凤鸣艰苦创业路程中的一个最大的难题。

上任后的张凤鸣首先确立了经营理念:以"服务"求生存求发展,用优质的服务赢得客户。好的经营理念要通过人的行为来实现,张凤鸣深谙这一点。因此,在对外拓展市场的同时,张凤鸣更注重内部的管理,员工热情的调动,尤其强调以人为本。

在新的经营理念形成之后,张凤鸣以身作则,处处以客户为中心。身为一行之长,在业务拓展方面时时处处走在前头,主动联系客户,和客户交流沟通,这在当时的银行还不多见,但张凤鸣就是这样争取到了一笔笔业务。同时通过与客户的接触,更多地了解了客户的信息,大大降低了经营的风险。张凤鸣的身体力行,是对"服务"所做的最好的诠释,在潜移默化地强化了员工的"服务"观念,为企业文化的建设打下良好的基础。张凤鸣认为,尊重员工是企业文化的核心。他开展了丰富多彩的员工家属联谊会,给员工开生日派对,上门拜访等活动,让员工有归属感,以激起更强烈的工作热情。

张凤鸣的尊重员工行为还表现在他对员工工作的支持上,他总是在员工拼搏的时候,给予充分的资源和支持,他说:"我自己可以乘坐其他交通工具,把配给我的车给需要它的客户经理用来与重要客户开展业务联系。"但这种支持和尊重并不是片面的,民生员工会有一个考核期,在考核期内,如果资源和支持都到位,而考核期过去,业绩还是平平,员工就须让贤或自动辞职。但这种做法是有弹性的,如果有的员工认为不是自己能力的问题,而是其他客观原因造成的,也允许他重新再做起。通过这种方式,这些员工就会比从前更努力,因而他们的业绩和营销工作都会表现得更优秀。

(资料来源:http://www.baidu.com.中国银行业务追踪,2009年1月12日,第11期.)

> **思考题**
>
> 1. 为什么张凤鸣的管理在民生银行卓有成效?
> 2. 张凤鸣与下属的有效沟通体现在哪些方面?

第三部分 实训操作

一、模拟实训

(一)实训项目

基于模拟公司进行内部上下级沟通技巧实训。

(二)实训目的

通过这项实训活动,可以培养学生掌握沟通的基本技巧和方法,进一步理解沟通的基本理论,提高组织内部沟通技能。

(三)实训要求

(1)用自己所掌握的沟通理论知识构建模拟实训沟通内容。

(2)制定待沟通事项的提纲。

(3)运用上下级之间的沟通技巧。

(四)实训内容

(1)基于实训一的初创公司为平台,开展此实训活动。

(2)基于已创办的模拟公司,分别在公司中给自己设定一个模拟职位。

(3)基于拟创办公司的组织结构图,明晰公司内部上下级隶属关系。

(4)设计一个模拟沟通的场景,假设各种可能的沟通情境,例如,人事助理与人事部经理沟通关于公司工作分析的改进意见;市场部经理与市场部职员沟通该职员绩效考核的结果;总经理与公司全体员工沟通经济危机下全体员工的危机意识等。

(5)学生之间互相扮演不同的沟通角色,培养学生掌握沟通的技巧和方法。

(五)总结与评估

(1)由教师找 4 名学生做评委,给每组打分,并说出打分的理由。(满分 100 分)

(2)每组分数加总后平均。

(3)由教师再根据综合情况给每组加减分,进行点评,评出前三名。

(4)教师根据学生们的沟通准备与表现做出点评。

(六)实训样例

人力资源部经理小 A 准备向总经理 B 汇报工作

基于模拟公司,模拟沟通场景:公司内部由于没有做工作分析,导致员工之间职责不清引发分歧。人力资源部经理小 A 准备向总经理 B 汇报工作,建议公司进行工作分析。

"您好 B 总,您现在忙吗?"小 A 来到 B 总经理的办公室。

B 总说:"来来,请坐小 A,你有什么事情么?"

小 A 列举公司职责不清引发的员工之间的分歧,向 B 总一一汇报。小 A 提出了自己的一些看法,并详细说明了工作分析的重要性,建议 B 总授权人力资源部在公司开展工作分析工作。"B 总,我拟订了三种工作分析的方案,您是专家,还请您多指教,看看哪种方案比较合适。"

B 总很高兴:"你的工作能力我是十分认可的,从你提交的方案来看,也是认真分析比对之后做出来的。公司如果多一些像你这样兢兢业业的员工就好了。"

小 A 听后很高兴,也很受鼓励,工作干劲更强了。"谢谢领导对我工作的肯定,还请您多批评指教。"

B 总说:"你认为哪个工作分析的方案更适合我们公司呢?"

小 A 在来 B 总办公室之前,做好了方案并仔细比对了三种方案的优缺点,小 A 不慌不忙地对 B 总建议了最佳方案。B 总频频点头:"嗯,很好,这个方案效果比较优越。但是成本有些偏高,实施起来也略有难度,这个你需要再考虑一下。"

小 A 觉得该实施方案并不难,成本也可以适当控制,但也没有直接反驳 B 总的建议,"B 总,我下周三之前拟出详细的实施计划提交给您如何?"

B 总很满意地说:"好,尽快拿出可行性实施方案,在公司开展工作分析工作。"

二、管理游戏

游戏一 不要激怒我

【项目简介】

语言和态度是人与人之间沟通时的两大主要方面。面对对抗的时候,有的人说出话来是火上浇油,有的人说出话来有如灭火器,效果完全不同。下面这个游戏的目的就是要教会大家避免使用那些隐藏有负面意思的,甚至含有敌意的词语。

人数:30 人。

时间:30 分钟。

场地:不限。

用具:卡片或白纸若干。

【训练步骤】

(1)将学生分成 3 人一组,每两组进行一场游戏。告诉他们:他们正处于一场商务场景当中,例如,商务谈判,老板对员工进行业绩评估等。

(2) 给每个小组一张白纸,让他们在 3 分钟时间内列举出尽可能多的会激怒别人的话语,例如:"不行"、"这是不可能的"等,每一个小组之间要注意列举的话不能重复。

　　(3) 让每一个小组写出一个一分钟的剧本,当中要尽可能多地出现那些激怒人的词语,时间为 10 分钟。

　　(4) 告诉大家评分标准:① 每个激怒性的词语给一分;② 每个激怒性词语的激怒程度给 1～3 分不等;③ 如果表演者能使用这些会激怒对方的词语表现出真诚、合作的态度,另外加 5 分。

　　(5) 让一个小组先开始表演,另一个小组的成员在纸上写下他们所听到的激怒性词汇。

　　(6) 表演结束后,让表演的小组确认他们所说的那些激怒性的词汇,必要时要对其做出解释,然后两个小组调过来,重复上述的过程。

　　(7) 第二个小组的表演结束之后,大家一起分别给每一个小组打分,给分数最高的那一组颁发"火上浇油奖"。

【相关讨论】

　　(1) 什么是激怒性的词汇?我们倾向于在什么时候使用这些词汇?

　　(2) 如果无意间说的话被人认为是激怒行动的,你会如何反应?你认为哪个更重要,是你自己的看法重要,还是别人对你的看法重要?

　　(3) 当你无意间说了一些激怒他人的话,你认为该如何挽回?是马上道歉吗?

【游戏总结】

　　(1) 很多时候往往在不经意之间说出很多伤人的话,即便他们的本意是好的,他们也往往因为这些话被人误解,达不成应有的目的。

　　(2) 我们在说每一句话之前都应该好好想想这句话会带来什么后果,这样就可以避免我们无意识地说出激怒性的话语。

　　(3) 实际上,在我们得意洋洋的时候往往是我们最容易伤害别人的时候,保持谦虚谨慎的态度,不要像骄傲的孔雀一样,这样做往往会使我们的人际关系为之改善,使人与人之间的交流更容易一些。

　　游戏二　传递信息

【项目简介】

　　信息中通过各种"渠道"加以传递时往往会失真。下面这个游戏的目的就是要教会大家学会倾听,避免断章取义。

　　人数:4～5 人一组。

　　时间:10～20 分钟。

　　场地:不限。

　　用具:一则摘自报纸杂志的简短文章。

【训练步骤】

　　(1) 事先从近期报纸或杂志中摘录一则 2～3 段长的文章,但不要是最热门的新闻。

　　(2) 将学生分成 5 人一组。

(3) 将各组成员从1～5号分好次序。
(4) 请1号留在教室内,其他人先出去。
(5) 把故事念给各组的1号听。但不允许他们提问或做记录。
(6) 2号可以从教室外进来,每组的1号负责将故事复述给2号听。
(7) 3号进来,2号负责将故事复述给3号听。
(8) 直到每组的5号都听到了故事。
(9) 教师抽查几组的5号学生,请他们复述一下听到的故事。

【相关讨论】
(1) 每个传递者是否遗忘了一些内容？是哪些？
(2) 故事在传递中,出现了哪些错误或篡改？
(3) 我们如何才能注重加强记忆和理解？在现实生活中,我们可以采取哪些方法？

【游戏总结】
(1) 我们会发现,在这样的信息传递过程中,每个传递者都不可能把全部内容详细地传递给其他人。
(2) 造成这种情况的主要原因有：语言表达、理解能力、对相关内容的熟悉程度等方面的不同造成的。
(3) 为了加强和注重记忆和理解,我们可以注意聆听其关键词,边听边想,避免断章取义。

三、参观走访

【走访对象】
保险公司或营销公司业务主管。

【实训目的】
了解沟通技巧和沟通的障碍及如何克服。

【实训内容】
(1) 面对陌生人如何沟通。
(2) 面对熟悉的人如何让他成为自己的朋友。
(3) 面对正常人际关系如何建立业务关系。
(4) 当遇到沟通障碍的尴尬时,如何克服和排除。

【实训组织】
(1) 全部学生分4～6个小组,由组长带队分别行动。
(2) 预先与走访对象取得联系,每组联系业务主管或公司领导。
(3) 每组专人负责做好走访资料的搜集。

【实训要求】
(1) 倾心听介绍,认真记录,加强口才锻炼,学会正确沟通。
(2) 每人写一篇走访心得体会。

【实训考核】

教师对学生的走访心得进行批阅打分,并选出优秀心得在全班进行交流与学习。

四、辩论互动

【题目】

冲突都是由沟通障碍产生的。

【实训目的】

(1) 了解掌握沟通的基本理论。

(2) 培养学生运用冲突的协调克服沟通障碍的能力。

(3) 初步学会运用沟通技巧。

【实训内容】

(1) 论述沟通基本理论的应用。

(2) 论述沟通的障碍及其克服方法。

(3) 探讨冲突的协调技巧。

【方法与要领】

(1) 分正方与反方两组(每组5人),全班也可以分成若干小组进行组合。

(2) 正方持"沟通障碍产生冲突"的立场论述冲突的问题。

(3) 反方以"冲突的根源及对管理的影响"等理论反驳正方论点。

(4) 正、反双方在辩论中,既要回答对方的提问,也要向对方提出疑难问题,要求答辩。

(5) 正、反双方举例鲜明生动,分别形成书面辩论材料,呈报教师或评委。

【成绩测评】

由教师、学生或邀请管理专家组成评委组评判辩论结果。

实训十二

基于模拟公司进行模拟商务谈判

第一部分 基础理论知识

通过熟悉管理学的相关知识,进一步掌握商务沟通的技巧与方法。相关基础知识回顾如下。

一、有效沟通的原则

(1) 明确沟通的目标。
(2) 具备科学的思维。
(3) 管制信息流。
(4) 讲究语言艺术。
(5) 了解沟通对象,增强沟通针对性。
(6) 选择恰当的沟通渠道与方式方法。
(7) 及时地运用反馈。

二、沟通技巧

1. 信息发送技巧

(1) 发出的信息要清晰、完整。
(2) 要将信息编译成接收者容易理解的传递符号。
(3) 选择适当的传输媒介。
(4) 避免信息被过滤和曲解。
(5) 信息中应包含反馈机制。

(6) 提供准确的信息,避免谣言的传播。

2. 信息接收技巧

(1) 要集中注意力。

(2) 批判式倾听。

(3) 移情式倾听。

三、商务谈判的语言技巧

(1) 针对性强。

(2) 表达方式婉转。

(3) 灵活应变。

(4) 恰当地使用无声语言。

四、在谈判中有力布局

(1) 开局:成功布局。

(2) 中局:保持优势。

(3) 终局:赢得忠诚。

五、销售谈判的主要原则

(1) 谈判不要限于一个问题,价格虽然是谈判中的一个重要因素,但产品或服务的质量,按时送货和灵活的付款条件都可以成为谈判过程中的砝码。

(2) 在谈判中要尽量从双方利益考虑。

六、谈判中要识别真假行为

谈判行为是一项很复杂的人际交往行为,它伴随着谈判者的言语互动、行为互动和心理互动等多方面的、多维度的错综交往。由于谈判行为本身所具有的利己性、复杂性,加之谈判能允许的手段性,谈判者又很可能以假身份掩护自己、迷惑对手,取得胜利,这就使得本来就很复杂的谈判行为变得更加真假相掺,难以识别。

七、注意谈判的艺术

(1) 控制自身的情绪和态度,不为对方偏激的情绪所影响。

(2) 让对方的情绪保持冷静,消除双方之间的不信任。

(3) 多与对方寻找共同点。

(4) 在谈判过程中,让对方保住面子。

(5) 让对方理解"相互协调,合作共赢"是谈判成功之本。

第二部分 案例分析

案例一 某冶金公司采购美国先进设备的国际谈判

我国某冶金公司要向美国购买一套先进的组合炉,派一名高级工程师与美方谈判,为了不负使命,这位工程师做了充分的准备工作,他查找了大量有关冶炼组合炉的资料,花费很大的精力对国际市场上组合炉的行情及美国这家公司的历史和现状、经营情况等了解的一清二楚。谈判开始,美方开口要价150万美元;中方工程师列举各国成交价格,使美方目瞪口呆,终于以80万美元达成协议。

当谈判购买冶炼自动设备时,美方报价230万美元,经过讨价还价,中方坚持出价100万美元。美方表示不愿继续谈判下去,认为中方没有诚意,打算中止谈判,明天回国。中方工程师只是面带微笑地做了一个优雅的请的动作。美方真的走了,冶金公司的其他人有些着急,甚至埋怨工程师不该把价格压得太低。工程师说:"放心吧,他们会回来的。同样的设备,去年他们卖给法国只有95万美元,国际市场上这种设备的价格100万美元是正常的。"

果然不出所料,一个星期后美方又回来继续谈判了。工程师向美方点明了他们与法国的成交价格,美方又愣住了,没有想到眼前这位中国商人如此精明,于是不敢再报虚价,只得说:"现在物价上涨得厉害,比不了去年。"工程师说:"每年物价上涨指数没有超过6%的,一年时间,你们算算,该涨多少?"美方被问得哑口无言,在事实面前,不得不让步,最终以101万美元达成了这笔交易。

总结:对于这个案例,明显地可以看出,中方工程师对于谈判技巧的运用更为恰当准确,赢得有利于己方利益的谈判结果也是一种必然。

(资料来源:http://wenku.baidu.com/view/d48792e9551810a6f5248688.html,有修改)

思考题

1. 在这个国际商务谈判中,美方在谈判中有哪些失误?
2. 在此次商务谈判中,中方能够胜利的关键因素是什么?

案例二 谈判开局策略

日本一家著名汽车公司刚刚在美国"登陆",急需找一个美国代理商来为其推销产品,以弥补他们不了解美国市场的缺陷。

当日本汽车公司准备同一家美国公司谈判时,谈判代表因为堵车迟到了,美国谈判代表抓住这件事紧紧不放,想以此为手段获取更多的优惠条件,日本代表发现无路可退,于是站起来说:"我们十分抱歉耽误了您的时间,但是这绝非我们的本意,我们对美国的交通状况了解不足,导致了这个不愉快的结果,希望我们不要再因为这个无所谓的问题耽误宝贵的时间了,如果因为这件事怀疑我们合作的诚意,那么我们只好结束这次谈判,我认为,我们所提出的优惠条件在美国不会找不到合作伙伴的。"

日本代表一席话让美国代表哑口无言,美国人也不想失去一次赚钱的机会,于是谈判顺利进行下去了。

(资料来源:http://3y.uu456.com/bp-01ef017831b765ce050814fa-1.html)

思考题

1. 日本汽车公司在此次谈判中获得了成功,它在谈判中有哪些成功之处?
2. 在国际商务谈判中有哪些注意事项?

第三部分　实训操作

一、模拟实训

(一)实训项目

基于模拟公司进行模拟商务谈判。

(二)实训目的

通过这项实训活动,让学生具备分析材料、辨别模拟公司优劣势的能力,最重要的是培养学生倾听和说服别人的能力。

(三)实训要求与内容

(1) 基于实训一的初创公司为平台,开展此实训活动。

(2) 选出两个公司,双方就业务合作事宜进行商务谈判。

(3) 每个公司在谈判前,进行准备工作,例如,提出最理想的、最可能和最低要实现的谈判结果。

(4) 要求两个公司都推出自己的主谈判手(3~4人)进行面对面谈判,其他人员是后台援助人员,谈判时间控制在1个半小时以内。

(四)实训总结与评估

(1) 教师聘请优秀学生或本专业资深教师3名担任评委,根据谈判中的表现进行打分,判定商务谈判中的优胜方。

(2) 评委根据谈判手们的谈判表现评估打分,评出两名"最佳谈判手"。
(3) 教师最后进行点评。

(五) 实训样例

A 公司与 B 学院的销售谈判

1. 谈判背景资料

B 学院准备建立两个学生计算机机房,需要购置联想台式电脑 100 台,欲向 A 公司(某品牌电脑在北京市的经销商)购买。

在收集了相关信息之后,B 学院与 A 公司要进行谈判的开局,B 学院先向 A 公司提出书面要求,营造商务谈判氛围,策划好开局的策略。

在谈判过程中,A 公司对 B 学院近期的支付能力和资信有所怀疑;B 学院也对 A 公司的技术、服务能力以及资本实力表示不满,双方存在隔膜。

在谈判过程中,双方由于在产品价格和付款方式上发生争执,B 学院想让对方价格降低 5%,并采用分期付款方式;而 A 公司只愿意降低 1%,且必须一次付清款项。

B 学院与 A 公司经过几轮努力协商,大部分交易条件(包括电脑配套设备和价格)已经基本达成一致。这时学院提出:假期马上结束,要求 A 公司在开学前必须将一切准备工作完成,且在开学后 1 个月内 A 公司必须将所有电脑设备全部安装到位。时间紧迫,而 A 公司却对此表示难以实现,协议的签署受到严重阻碍……

2. 实训方式

(1) 对班级同学进行分组:单号组代表学院方,双号组代表 A 公司方;每组选出一位谈判领袖,总揽全局,确立组内人员分工及职务。

(2) 双方各自搜索相关资料,做好充分的谈判准备并制订各自的商务谈判计划。

(3) 谈判可分几轮进行,具体进程由各组自由掌握。

(4) 实训完毕撰写实训报告。实训报告要求:① 描述本组谈判目标,并评价谈判目标实现情况;② 描述本方在谈判开局、中局和终局阶段的策略计划;③ 根据模拟谈判进展情况,评价本组开局、中局和终局三阶段的策略实施情况;④ 谈谈自己在模拟谈判中的感想。

二、管理游戏

游戏一 谁应该获得逃生机会

【项目简介】

商务谈判中表达和交涉的语言技巧非常重要,如何才能说服、打动别人,达成自己的谈判目的? 下面这个游戏的目的就是要让大家练一练自己的谈判、沟通技巧。

人数:12 人。

时间:10 分钟。

场地:不限。

用具:卡片或白纸、笔若干。

【训练步骤】

（1）从学生招募7名游戏参与者和5名审判员,进行一场游戏,其他学生是观摩者,到最后可以陪审员的身份发表观点,给每个审判员一张白纸。告诉他们：他们正处于一场特定的场景中——荒岛求生。

（2）教师描述荒岛求生的背景资料：7不同职业的人由于轮船失事而流落到一个荒岛上,该岛是一个原始岛屿,在荒岛上生存很困难,现在只有一个离开荒岛的工具——热气球,但是该热气球只能载一个人离开,于是这7个人展开了谈判和讨论……

（3）7位学生分别承担其中的7个角色,给他们3分钟的思考时间,每个人发表言论争取通过热气球离开荒岛的机会,每个人只能说3句话,可根据前面角色的发言发表言论。

（4）7个角色发言完毕后,给他们5分钟的自由辩论时间,审判员评审、记录。

（5）最后看7位成员能否达成一致意见,最终赢家是谁。

（6）审判员给7位成员打分,评出最佳谈判员。

（7）未参加游戏的同学可在自由发言时发表自己的观点。

【相关讨论】

（1）在谈判中如何表达自己的观点才能被其他人接受？

（2）如何恰当运用自身优势达成谈判目的？

（3）到底谁应该获得求生权？

【游戏总结】

（1）谈判中说话要有重点。

（2）要随时根据对方的思路、语言调整自己的谈判策略。

（3）生活中退让一步未必会输。

游戏二　大家来打牌

【项目简介】

谈判要从双方利益考虑,这样谈判才能获得圆满的结果,而且以后也会有更多的合作机会。下面这个游戏的目的就是要教会大家学让步和合作。

人数：20人,分成两组,每组10人。

时间：20～30分钟。

场地：教室和另外两个封闭场地。

用具：两副扑克牌和黑板、粉笔。

【训练步骤】

（1）每组发一张"红心A"和"黑桃A",教师讲解游戏规则,各组只能打其中一张牌,打牌得分规则为：两个小组都打"红心A",两队各获10分；两个小组都打"黑桃A",两队各扣10分；一个小组打"红心A",另一个小组打"黑桃A",则打"红心A"的小组扣20分,打"黑桃A"的小组0分（不扣分也不加分）。

（2）两组成员分别进入自己封闭场地讨论,10分钟后,组长代表小组打出本组的牌。

（3）裁判员计算、宣布两组第一局的成绩。

(4) 两组进行第二局的讨论和决策。

(5) 两组进行第三局、第四局的讨论和决策。

(6) 教师启发、引导。

(7) 两组进行第五局、第六局的决策,最终达到双赢。

【相关讨论】

(1) 从竞争对比的角度来说,应该打哪张牌?

(2) 一直打"黑桃 A"会出现什么样的结果?

(3) 打"红心 A"会出现什么样的结果?

【游戏总结】

(1) 工作、生活中不一定都是"零和博弈"。

(2) 对他人的友善、信任是成功的基石。

(3) 谈判中不要占尽所有的便宜,双方协商,各退一步没准有更广阔的前景。

三、参观走访

【走访对象】

企业采购部主管或销售部主管。

【实训目的】

了解谈判流程和谈判、交涉的技巧。

【实训内容】

(1) 如何进行谈判布局。

(2) 谈判、交涉中的语言技巧。

(3) 谈判陷入僵局时,如何处理。

(4) 如何做出谈判破裂的决定。

【实训组织】

(1) 全体同学分成 4～6 个小组,由组长带队分别行动。

(2) 预先与走访对象取得联系,每组联系销售主管或采购主管。

(3) 每组专人负责做好走访资料搜集。

【实训要求】

(1) 倾心听介绍,认真记录,加强口才锻炼,学会正确沟通。

(2) 每人写一篇走访心得体会。

【实训考核】

教师对学生的走访心得进行批阅打分,并选出优秀心得在全班进行交流与学习。

四、辩论互动

【题目】

谈判双方必须相互信任才能谈判成功。

【实训目的】
(1) 了解商务谈判的基本理论。
(2) 培养学生在谈判中获取对方信任的能力。
(3) 培养学生应用谈判技巧的能力。
(4) 初步学会谈判布局。

【实训内容】
(1) 论述商务谈判的技巧。
(2) 探讨法律、社会约束对商业行为的影响。
(3) 论述信任对于谈判成功的重要性。
(4) 论述谈判成功的前提条件有哪些。

【方法与要领】
(1) 分正方与反方两组(每组5人),全班也可以分成若干小组进行组合。
(2) 正方持"谈判双方必须相互信任才能谈判成功"的立场论述谈判问题。
(3) 反方以"谈判成功的条件及职业道德、信用体系"等理论反驳正方论点。
(4) 正、反双方在辩论中,既要回答对方的提问,又要向对方提出疑难问题,要求答辩。
(5) 正、反双方举例鲜明生动,分别形成简要的书面辩论材料,呈报教师或评委。

【成绩测评】
由教师、学生或邀请管理专家组成评委组评判辩论结果。

实训十三

确定企业的领导权力分配方式

第一部分 基础理论知识

主要通过熟悉管理学的相关知识,进一步掌握领导的基本含义,熟悉领导的权力及职权分配方法,分清领导者的类型。

一、领导的含义

领导是领导者及其领导活动的简称。在管理环境中,领导是指个人对他人施加影响,鼓动、激励并指导他人活动,在一定条件下实现团队或者组织目标的行动过程。

二、领导者的权力

权力是组织存在的必要条件,正式组织一般都是建立在合法权利之上的。对于组织中的领导者而言,权力既是一种控制力,也是一种影响力。由此,领导者手中的权力分为两类:正式权力和非正式权力。正式权力包括奖励权力、强制权力、法定权力;非正式权力包括专长权力和参照权力(又称崇拜权力),具体如图 13-1 所示。

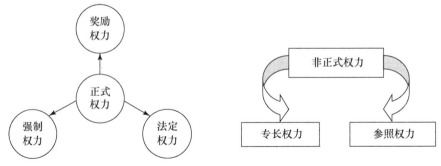

图 13-1 领导者权力分类图

三、领导权力的分配方法

在管理活动中,领导权力的分配方法有两种:集权和分权,这两种权力分配方法的特点如表 13-1 所示。

表 13-1 集权与分权的特点

	集 权	分 权
特点	(1) 经营决策权较多的集中于上层主管,中下层只有日常业务的决策权; (2) 对下级的控制较多,下级的决策前后都要经过上级的审核; (3) 统一经营; (4) 统一核算	(1) 中下层有较多的决策权; (2) 上级的控制较少,往往以完成规定的目标为限; (3) 在统一规划下可独立经营; (4) 实行独立核算,有一定的财务支配权

集权和分权的程度要依据下列条件的变化而变化。
(1) 决策的代价。
(2) 政策的一致性要求。
(3) 规模问题。
(4) 组织形成的历史。
(5) 公司文化与管理哲学。
(6) 主管人员的数量与管理水平。
(7) 控制技术和手段的完备程度。
(8) 以往分散化的绩效。
(9) 组织的动态特性及职权的稳定性。

但是在操作过程中授权要适度,既不能授权过度,也不能授权不到位。授权过度会有很大的风险;授权不够,会影响下属主动性的发挥,上司也会厌烦下属没完没了的请示汇报。根据授权受制约的程度,可以将授权的程度分成 5 种方式。
(1) 指挥式。
(2) 批准式。
(3) 把关式。
(4) 追踪式。
(5) 委托式。

四、领导者的类型

关于领导者的类型,至今还未达成共识,但是比较典型的有美国社会学家拉尔夫·怀特(Ralph K. White)和罗纳德·李皮特(Ronald Lippett)提出的三种领导方式理论,三种领导方式包括权威式领导(独裁型的领导)、参与式领导(民主型的领导)和放任式领导三类。

第二部分 案例分析

案例一 三位科长的不同

某钢材集团总公司下设 8 个分公司。其中第一、二、三分公司是集团中规模最大的三个分公司。张晓、王亚东、李明三人分别担任第一、二、三分公司的业务科长。今年比利时召开全球钢材交易大会,此次会议对集团未来的发展和市场定位非常重要,集团决定让最具规模的第一、二、三分公司的科长同去参加此次会议。会议共三天,加上来回的路程和周末,一共用去了一周的时间。

三位科长回来后,第四分公司没有参会的赵科长作为新近被提拔的年轻科长,很想同他们了解一下目前国际上最新的动态,就主动给张科长、王科长、李科长打电话询问什么时间方便开个小会。第一分公司的张科长还没有搞清楚赵科长的意图就打断说:"我现在手头有很多积压的文件,无论什么事情等过两天再说吧。"第二分公司的王科长比较有耐心地听完后,思考了一下说:"上午我要处理开会期间没有办的工作,下午有时间,欢迎你来找我。"第三分公司的李科长表现的很热情:"没问题,你现在来就可以。"赵科长感到三个科长管理风格相差很多,觉得他们可能从会上感受到的内容也可能各有不同,决定分别找三个科长聊聊,时间上也不发生冲突。这样既可以了解市场的动态,又可以分别向三个科长请教一些管理的方法。

(资料来源:http://zhidao.baidu.com/question/55909002.html? fr=ala0,有修改)

思考题

1. 三位科长是同行业的,假定他们的职责大体相当,开会离开的三天里,科里的工作也大致相似,那么,根据领导权力的分配方法,分析三位科长会后的状况为何如此不同呢?
2. 你认为哪位科长的管理风格更可取?为什么?

案例二 领导类型的测试

【问题】假如你是一位领导,当遇到下列 18 道问题时会怎么选择?假如你将要升任领导职位,你又会怎么做?请测试一下?请用"是"与"不是"来回答。

1. 你经营咖啡馆、音乐茶座一类的行业吗?
2. 平常在把决定付诸实施前,你认为有说明其理由的价值吗?
3. 在领导部下的时候,与其一方面跟他们工作,一方面监督员工,还不如从事规划、草拟细节等管理性的工作,你认为是这样吗?

4. 在你所管辖的部门有一位陌生人,你知道那是你的部下最近录用的人。你会不介绍自己而先问他的姓名吗?

5. 时尚潮流走近你的部门的时候,你让你的部下追求吗?

6. 让部下工作之前,你一定把目标及方法提示给他们吗?

7. 与部下过分亲近会失去部下的尊敬,所以还是远离他们比较好,你认为对吗?

8. 郊游之日到了,你知道大部分的人都希望星期六去,但是从许多方面判断,你认为还是星期日好。你是否意识到还是不要自己做主,而由大家来投票好?

9. 当你想要你的部下做一件事情的时候,即使是一件谁都可以做的事,你也一定自己以身作则,以便他们跟随你,是吗?

10. 你认为要把一个人撤职并不困难吗?

11. 越能够亲近部下,越能够有效地领导他们,你认为对吗?

12. 你花了不少时间拟定了一个问题的解决方案,然后交给一个部下,可是他却找这个方案的毛病。这时,你并不生他的气,但对于问题依然没有解决而感到坐立不安吗?

13. 坚决处罚违纪者是防止违纪的最佳办法,你赞成吗?

14. 假如你对某一问题的处理方式受到批评。你认为与其宣布自己的意见,倒不如说服部下,让他们相信你吗?

15. 你是否让部下自由地与外人为私事而会晤?

16. 你认为你的部下不应该对你存有戒心吗?

17. 与其自己亲自解决问题,不如任命解决问题的委员会,你认为对吗?

18. 不少专家认为,在一个团体里发生意见的不同,是很正常的。但也有人认为,从团结的愿望出发,意见的不同是团体的弱点,你赞成第一种看法吗?

【记分方法】18道题分成3类
第1类 1 4 7 10 13 16
第2类 2 5 8 11 14 17
第3类 3 6 9 12 15 18

【答案与分析】如果在第一类中你的选项(是)最多,你有成为专断式领导人的倾向;如果在第二类中你的选项(是)最多,你有成为参与式领导人的倾向;如果在第三类中你的选项(是)最多,你有成为放任式领导人的倾向。

(资料来源:http://www.3800hk.com/jlrs/cszx/200511/58764.html)

第三部分　实训操作

一、模拟实训

(一) 实训项目

确立企业的领导权力分配方式。

（二）实训目的

通过本项实训活动，培训学生掌握领导的基本理论；了解领导者的类型；理解领导的权力及职权分配方法。

（三）实训要求

（1）基于实训一的初创公司为平台，开展此实训活动。

（2）基于原来拟创办的公司，运用自己所掌握的领导理论知识分析其管理过程中的领导问题。

（3）制订出该领导者在领导行为及方式等工作方面的改进方案。

（四）实训内容

（1）每一位学生针对模拟公司的管理问题，搜集领导及领导类型的相关信息资料，并整理。

（2）每组分析模拟公司的领导类型，权力分配及领导方式，以及管理过程中的领导问题，时间不超过30分钟。

（3）每组分别进行将分析、讨论，并展示结果。

（五）总结与评估

（1）由教师找4名学生做评委，给每组评分，并说出评分的理由。（满分100分）

（2）每组分数加总后平均。

（3）由教师再根据综合情况给每组加减分，进行点评。

（4）最后教师做总结。

（六）实训样例

集权还是授权

A公司是家生产食品的乡镇企业，老总曾是县委宣传部的副部长，在营销员即将出征时再三叮嘱：遇事多汇报，否则，出了问题，后果自负。于是，驻扎在外省的营销员一个个小心谨慎，生怕办错事。结果，有能力的营销员感到手脚被牢牢捆住，有力使不出，纷纷跳槽另谋高就；留下来的营销员倒是循规蹈矩，只是主动性全无，销售业绩极不理想。而这位老总也整天忙得焦头烂额，好端端的一个企业处于风雨飘摇之中。

B集团是一家颇有影响的民营企业，生产的液化气炉灶因燃烧效率高而获国家专利。总裁是一位科技精英，他把民营企业的灵活机制运用到了极点，即让营销员承包每一个省级市场。公司与每一个营销员签订承包协议，产品按出厂价下浮20%提供给营销员，营销员保证一年内完成多少销售任务，至于聘请什么人、如何促销、怎样操作市场等一律由营销员负责，公司不加干预。这一招确实极大地调动了营销员的积极性。大家纷纷使出浑身解数，短短几年，企业在制造了上亿元的销售业绩的同时，也给员工带来经济效益。可惜好景不长，面对激烈的市场竞争，市场阵地纷纷沦丧。营销员无心恋战，大多辞职自己当老板，而公司却无法接管市场，因为这些退居幕后的营销员通过自己培植的亲信继续控制着市场；而那些销售任务完成得虽不甚理想的营销员，公司也无法撤销他的职位，因为他掌握着贷款、控制着营销渠道；更有甚者，有的营销员在销售公司产品的同时，私设地下工厂，制造假冒产品鱼目混珠，大发横财，当公司发觉时，他早已携款逃之夭夭。结果，一家很有发展前途的企业濒临倒闭。

由此可见，在管理过程中，"一放就乱，一统就死"是极容易发生的现象。那么，怎样才能做到"放而不乱，统而不死"呢？

集权制是指一切决策权均集中在上级机关，下级机关必须依据上级的决定和指示办事；而分权制是指下级机关在自己管辖的范围内，有权自主地决定做什么和怎么做，上级不必加以干涉。

由以上比较可以看出，领导者权力的过度集中，将抑制企业的活力，束缚员工的手脚，最终导致整体战斗力下降；而权力过度分散，又会使员工队伍像一匹脱缰的野马，把企业带向支离破碎的边缘。偏向于任何一个极端，将使企业这列火车驶离正常的轨道。这就要求我们在集权制和分权制中找到一个恰当的平衡点，让集权制与分权制各自的优点相得益彰，使之达到珠联璧合的最高境界。

（资料来源：http://www.kusilu.com/article/html/article_17951.html，有修改）

二、管理游戏

游戏一　预算讨论

【项目简介】

该游戏引导和帮助你理解组织权力来源于哪里，并且对跨组织层级产生的影响策略有所把握。

人数：最好为30人。

时间：30～40分钟。

场地：最好在一个由小房间通向大房间的地方进行。

用具：预算表。

【训练步骤】

1. 导师将按下列步骤组织学生

（1）一部分学生（3～4个）被任命为高层管理人员，将被适当安置在一个偏僻的办公室或是一个大教室的角落。

（2）另外6～8名学生被任命为中层管理员，这些人将被理想地安排在相邻的房间或空间。

（3）剩下的学生则作为组织中的非管理层员工，他们被安置于中高层管理层以外的开放空间。

2. 游戏规则

（1）高层管理人员自由进入中层管理和非管理员工的房间，并在他们希望的时候与下级沟通；中层管理人员在他们希望的时候可以进入非管理人员的办公区，但必须得到允许，才能进入高导管理人员的办公区，高层领导可以拒绝中层管理员的要求。

（2）非管理人员不允许以任何方式打扰高层管理人员，除非高层管理人员明确邀请，非管理人员有权力提出与中层管理人员交流，但中层管理人员可以拒绝他们的要求。

（3）任务：你的组织正在准备预算，该项任务的挑战在于平衡财务资源的需求。当然，资源远远大于需求，教师将会分发一张预算表，该表格列出预算要求以及它们的成本。每组都将控制一定比例的预算,必须决定如何花销他们所控制的钱,非管理层拥有相对较少的自主权,而高层管理拥有较大比例的自主权。当组织内部达成令人满意的预算,或教师宣布时间到时,该项练习结束。

【相关讨论】

(1) 每组成员对他们所拥有的权力有怎样的感觉?

(2) 与其他组的关系中,他们怎样运用自己的权力?

【游戏总结】

(1) 组织中权力的5个来源:法定性、奖赏性、强制性、专家性和参照性,前3个权力的基础来自于当权者的地位,即由于个人在组织中被分派特定的权威或角色而获得这些权力,后面两种权力来源于当权者自身的特质。

(2) 个人和工作小组一般通过以下一些方法来扩大他们的权力:

控制任务——政府颁布法律给某些职业特权来执行特定任务;

控制知识——专业控制使用他们工作领域的知识;

控制劳动力——人们通过控制劳动力的有用性而获得权力;

差异化——当个人或工作小组宣称拥有组织需要的独一无二的资源时,如原材料或知识,差异化就出现。

游戏二 他的授权方式

【项目简介】

如果你是领导,你能"遥控"好你的员工吗?如果你是员工,你能和领导默契配合吗?本游戏对此提出了挑战。

形式:8人一组为最佳。

时间:30分钟。

场地:不限。

用具:眼罩4个,20米长的绳子一条。

【训练步骤】

1. 教师选出一位总经理、一位总经理秘书、一位部门经理、一位部门经理秘书,4位操作人员。绳子及团队成员如图13-2所示。

图13-2 绳子及团队成员

2. 教师把总经理及总经理秘书带到一个看不见的角落后跟他们说明游戏规则,如图13-3所示。

总经理要让秘书给部门经理传达一项任务,该任务就是由操作人员在戴着眼罩的情况下,把一条20米长的绳子做成一个正方形,绳子要全部用到。

图 13-3　总经理向秘书说明规则

(1) 全过程不得直接指挥,一定是通过秘书将指令传给部门经理,由部门经理指挥操作人员完成任务。

(2) 部门经理有不明白的地方也可以通过自己的秘书请示总经理。

(3) 部门经理在指挥的过程中要与操作人员保持5米以上的距离。

(4) 完成任务:4位操作人员,戴着眼罩,把20米长的一条绳子做成一个正方形,要求绳子要全部用到。理想结果如图13-4所示。

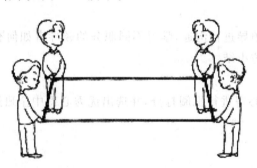

图 13-4　4人将绳子做成正方形

【相关讨论】

(1) 作为操作人员,你会怎样评价你的这位主管经理?如果是你,会怎样来分派任务?

(2) 作为部门经理,你对总经理的看法如何?对操作人员在执行过程中看法如何?

(3) 作为总经理,你对这项任务的感觉如何?你认为哪方面是可以改善的。

【游戏总结】

(1) 处在首位的领导者,必须通过一些技巧的组合以及对人性、时机的把握,从而走向成功。任何一个领导者都必须严肃地对待下面这些问题:如何使下属具有完成任务的动力?如何使所有人协调一致?如何确保信息能被一级级地传达?当工作变得繁重时,如何使他们不抱怨？

（2）领导者是团队的灵魂,领导者的表现、能力、授权方式都直接关系到团队的成绩。因此,在强调队员提高自身能力的同时,领导者也应该加强对自身的认识。

三、参观走访

【走访对象】

企业的总经理、部门经理、基层管理者、员工。

【实训目的】

了解企业各层级领导的权力分配方式（集权还是分权）以及员工对领导权力分配方式的感触。

【实训内容】

（1）各级领导如何分配权力。

（2）分配权力的依据。

（3）做一个合格的领导需要如何来分配手中的权力,才能很好地与上下级处理好关系。

【实训组织】

（1）全部分4~6个小组,由组长带队分别行动。

（2）预先与自己小组负责的走访对象取得联系,约定走访的相关事宜。

（3）每组专人负责做好走访资料的搜集。

【实训要求】

（1）和不同级别的领导进行沟通,学习不同职务的领导者如何有效地分配权力。

（2）每人写一篇走访小结。

【实训考核】

教师对学生的走访心得进行批阅打分,并选出优秀心得中全班进行交流与学习。

四、辩论互动

【题目】

对领导者而言,集权好于分权。

【实训目的】

（1）了解领导者权力的来源。

（2）了解领导权力分配的基本内容。

（3）培养学生语言表达能力。

【实训内容】

（1）论述权力的来源渠道。

（2）论述集权和分权的依据。

（3）论述集权和分权的优缺点。

（4）探讨权力分配在企业实践的应用。

【方法与要领】

(1) 分正方与反方两组(每组 5 人),全班也可以分成若干小组进行组合。

(2) 正方持"对于领导者而言,集权好于分权"的观点。

(3) 反方以"对于领导者而言,分权好于集权"的观点来反驳正方论点。

(4) 正、反双方在辩论中,既要回答对方的提问,又要向对方提出疑难问题,要求答辩。

(5) 正、反双方举例鲜明生动,分别形成简要的书面辩论材料,呈报教师或评委。

【成绩测评】

由教师、学生或邀请管理专家组成评委组评判辩论结果。

实训十四

基于调研企业判断其领导风格(类型)实训

第一部分 基础理论知识

本实训主要通过熟悉管理学的相关知识,进一步掌握领导的基本理论以及熟悉领导者类型,基础知识回顾如下。

一、领导理论

(一)管理方格理论

管理方格理论由美国得克萨斯大学的行为科学家罗伯特·布莱克(Robert R. Blake)和简·莫顿(Jane S. Mouton)在1964年出版的《管理方格》一书中提出,它主要研究企业的领导方式及其有效性的理论。

管理方格理论认为,在企业领导工作中往往出现一些极端的方式,或者以生产为中心,或者以人为中心。为避免趋于极端,克服以往各种领导方式理论中非此即彼的绝对化观点,管理方格理论指出:在对生产关心的领导方式和对人关心的领导方式之间,可以有使二者在不同程度上互相结合的多种领导方式。为此,管理方格理论使用一张纵轴和横轴各9等分的方格图,纵轴和横轴分别表示企业领导者对人和对生产的关心程度。第1格表示关心程度最小,第9格表示关心程度最大。全图总共81个小方格,分别表示由"对生产的关心"和"对人的关心"这两个基本因素以不同比例结合的领导方式(如图14-1所示)。

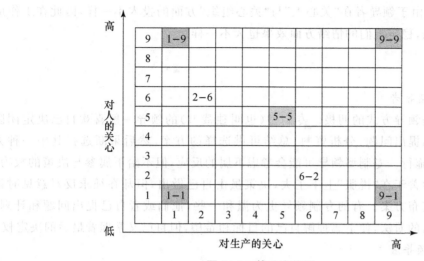

图 14-1 管理方格图

在管理方格图中,1-1定向表示贫乏的管理,对生产和人的关心程度都很小;9-1定向表示任务管理,重点抓生产任务,不太注意人的因素;1-9定向表示所谓俱乐部式管理,重点在于关心人,企业充满轻松友好气氛,不太关心生产任务;5-5定向表示中间式管理,既不偏重于关心生产,也不偏重于关心人,完成任务不突出;9-9定向表示理想型管理,对生产和对人都很关心,能使组织的目标和个人的需要最理想、最有效地结合起来。

布莱克和莫顿认为,9-9管理方格表明,在对"生产的关心"和"对人的关心"这两个因素之间,并没有必然的冲突。他们认为,9-9定向方格最有利于企业的绩效。因此,企业领导者应该客观地分析企业内外的各种情况,把自己的领导方式改造成为9-9理想型管理方式,以达到最高的效率。

(二)领导生命周期理论

领导行为理论始于俄亥俄州立大学20世纪50年代早期的研究。该校的研究者首先拟出了一千多种领导行为特征,后经不断提炼概括、归纳为"关心人"与"关心组织"两大方面。由于每一方面都有高低之别,因而两方面联系起来便构成四种情况,即领导行为四分图(如图14-2所示)。

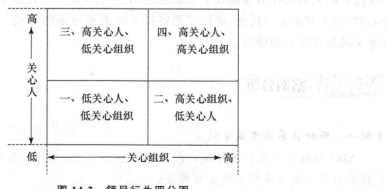

图 14-2 领导行为四分图

图 14-2 说明,由于领导者在"关心人"与"关心组织"方面的投入不一样,因此在工作成就与协调人际关系,稳定人们的情绪方面效果也大不一样。

二、领导类型

(一) 专制型领导者

专制和民主是领导方式的两极。专制型(也叫独裁型)的领导一般喜欢自己决定团队的一切。他们自己提出问题、分析资料、总结可供选择的方案,然后果断选择其中一种方案,向下属宣布后施行。专制型领导可能会考虑下属的反应,但不给下属参与决策的权力。也有的专制型领导善于在"说服"上下工夫,决策虽由自己做出,但却在征求反对意见时说服反对者服从后宣布方案。有的专制领导更为温和一些,他们或者自己提出问题和计划,允许下属提出自己的看法,使下属理解自己的目标和希望,但自己又掌握着最后的决定权。

(二) 民主型领导者

民主型的领导有着较强的民主意识,给予下属参与决策的机会更多、更广泛。有的民主型的领导是先自己提出问题,然后让自己的团队根据经验和常识提出解决问题的方案,经过分析、判断和鉴别,选择一种自己认为最佳的方案,做出决策。有的民主型领导只给下属规定问题和决策权限的范围,然后让下属自己去分析问题,寻找解决办法,做出决策。有的民主型的领导,则喜欢一种充分放权的领导方式,他们不提出问题,而只是给下属规定某个权限范围,让他们自己提出问题、分析问题、解决问题,实行一种"区域自治"。

应该指出的是,民主型的领导方式是社会发展、团队管理的必然要求,但也必须视具体情况,考虑各种因素,在不同的时间、地点,不同的环境条件下,选择最切实可行、最有效率的领导方式。

(三) 关系导向型领导者

关系导向型领导方式,即将人际关系的和谐作为完成职务工作的基础,把维护良好的人际关系放在领导过程的首要位置。关系导向型领导一般可以作为"民主型领导"看待,因为他们对人际关系极为重视,尊重人、信任人。

(四) 任务导向型领导者

任务导向型的领导方式,即把完成组织目标放在首要位置,工作是第一位的,其余事务如维持人际关系的和谐等都处于次要地位,不必给予重视。任务导向型的领导是以任务为中心的,为了完成工作任务,他们宁愿牺牲人际关系方面的需要。他们重视的是通过完成任务来满足自尊心和成就感。

第二部分 案例分析

案例一 哪种领导类型最有效

ABC 公司是一家中等规模的汽车配件生产集团。最近,对该公司的 3 个重要部门经理进行了一次有关领导类型的调查。

一、吴子明

吴子明对他本部门的产出感到自豪。他总是强调对生产过程、出产量控制的必要性,坚持下属人员必须很好地理解生产指令以得到迅速、完整、准确的反馈。当吴子明遇到小问题时,他会放手交给下级去处理;当问题很严重时,他会委派几个有能力的下属人员去解决问题。通常情况下,他只是大致规定下属人员的工作方针、完成怎样的报告及完成期限。吴子明认为只有这样才能导致更好的合作,避免重复工作。

吴子明认为对下属人员采取敬而远之的态度对一个经理来说是最好的行为方式,所谓的"亲密无间"会松懈纪律。他不主张公开谴责或表扬某个员工,相信他的每一个下属人员都有自知之明。

据吴子明说,在管理中的最大问题是下属不愿意接受责任。他认为他的下属人员可以有机会做许多事情,但他们并不是很努力地去做。

二、李瑞

李瑞认为每个员工都有人权,管理者有义务和责任去满足员工的需要。他经常为他的员工做一些小事,如给员工两张下月在市内举行的艺术展览的入场券。他认为,每张门票才30元,但对员工及家人来说却远远超过30元。通过这种方式,也是对员工过去几个月工作的肯定。

李瑞说,他每天都要到工厂去一趟,与至少1/4的员工交谈。李瑞不愿意为难他人,他认为吴子明的管理方式过于死板,吴子明的员工也许并不那么满意,但除了忍耐别无他法。

李瑞说,他已经意识到在管理中有不利因素,但大都是由于生产压力造成的。他的想法是以一个友好、粗线条的管理方式对待员工。他承认尽管在生产率上不如其他单位,但他相信他的下属有高度的忠诚与士气,并坚信他们会因他的开明领导而努力工作。

三、高飞

高飞说他面临的基本问题是与其他部门的职责分工不清。他认为无论是否属于他们的任务都安排在他的部门,似乎上级并不清楚这些工作应该谁做。

高飞承认他没有提出异议,他说这样做会使其他部门的经理产生反感。他们把高飞看成是朋友,而高飞却不这样认为。高飞说过去在不平等的分工会议上,他感到很窘迫,但现在适应了,其他部门的领导也不以为然了。

高飞认为纪律就是使每个员工不停地工作,预测各种问题的发生。他认为作为一个好的管理者,没有时间像李瑞那样握紧每一个员工的手,告诉他们正在从事一项伟大的工作。他相信如果一个经理声称为了决定将来的提薪与晋职而对员工的工作进行考核,那么,员工会更多地考虑他们自己,由此而产生很多问题。

高飞主张,一旦给一个员工分配了工作,就让他以自己的方式去做,取消工作检查。他相信大多数员工知道自己把工作做得怎么样。如果说存在问题,那就是他的工作范围和职责在生产过程中发生的混淆。高飞的确想过,希望公司领导叫他到办公室听听他对某些工作的意见。然而,他并不能保证这样做不会引起风波而使事情有所改变。

(资料来源:http://blog.gxsti.net/u/icanchange,有修改)

> **思考题**
> 1. 你认为这3个部门经理各采取什么领导方式？这些模式都是建立在什么假设的基础上的？试预测这些模式各将产生什么结果。
> 2. 是否每一种领导方式在特定的环境下都有效？为什么？

案例二 欧阳健的领导风格

蓝天技术开发公司由于在一开始就瞄准成长的国际市场，在国内率先开发出某高科技含量的产品，其销售额得到了超常规的增长，公司的发展速度十分惊人。然而，在竞争对手如林的今天，该公司和许多高科技公司一样，也面临着来自国内外大公司的激烈竞争。当公司经济上出现了困境时，公司董事会聘请了一位新的常务经理欧阳健负责公司的全面工作。而原先的那个自由派风格的董事长仍然留任。欧阳健来自一家办事古板的老牌企业，他照章办事，十分古板，与蓝天技术开发公司的风格相去甚远。公司管理人员认为他呆不久。看来，一场潜在的"危机"迟早会爆发。

第一次"危机"发生在常务经理欧阳健首次召开的高层管理会议上。会议定于上午9点开始，可有一个主管直到9点半才进来。欧阳健厉声道："我再重申一次，本公司所有的日常例会要准时开始，谁做不到，我就请他走人。从现在开始一切事情由我负责。你们应该忘掉老一套，从今以后，就是我和你们一起干了。"到下午4点，竟然有两名高层主管提出辞职。

此后，蓝天技术开发公司发生了一系列重大变化。由于公司各部门没有明确的工作职责、目标和工作程序，欧阳健首先颁布了几项指令性规定，使已有的工作有章可循。他还宣布，公司一切重大事务向下传达之前必须先由他审批。

欧阳健在详细审查了公司的人员工资制度后，决定将全体高层主管的工资削减10%，这引起公司一些高层主管的不满。研究部主任这样认为："我不喜欢这里的一切，但我不想马上走，因为这里的工作对我来说太有挑战性了。"

生产部经理也不满欧阳健的做法，可他的一番话颇令人惊讶："我不能说我很喜欢欧阳健，不过至少他给我的部门设立的目标我能够达到。当我们圆满完成任务时，欧阳健是第一个感谢我们干得棒的人。"

采购部经理牢骚满腹。他说："欧阳健要我把原料成本削减20%，他一方面说假如我能做到的话就给我奖励；另一方面则威胁说如果我做不到，他将另谋高就。但干这个任务的难度很大，我需要考虑另谋出路。"但欧阳健对被人称为"爱哭的孩子"销售部胡经理的态度则让人刮目相看。以前，销售部胡经理每天都到欧阳健的办公室去抱怨和指责其他部门。欧阳健对付他很有一套，让他在门外静等半小时，见了他对其抱怨也充耳不闻，而是一针见血地谈公司在销售上存在的问题。过不了一段时间，大家惊奇地发现胡经理开始更多地跑基层而不是去欧阳健的办公室了。

随着时间的流逝,蓝天技术开发公司在欧阳健的领导下恢复了元气。欧阳健也渐渐地放松控制,开始让设计和研究部门放手地去工作。然而,对生产和采购部门,他仍然勒紧缰绳。蓝天技术开发公司内再也听不到关于欧阳健去留的流言蜚语了。大家这样评价他:欧阳健对公司各项业务的决策无懈可击,而且确实使我们走出了低谷,公司也开始走向辉煌。

(资料来源:http://wenku.baidu.com/view/14d546687e21af45b307a896.html)

思考题

1. 欧阳健进入蓝天技术开发公司时采取了何种领导方式?这种领导方式与留任的董事长的领导方式有何不同?他对研究部门和生产部门各自采取了何种领导方式?当蓝天公司各方面的工作走向正轨后,为适应新的形势,欧阳健的领导方式将做何改变?为什么?

2. 有人认为,对下属人员采取敬而远之的态度是一个经理最好的行为方式,所谓的"亲密无间"会松懈纪律。你如何看待这种观点?你认为欧阳健属于这种类型的领导吗?

第三部分 实训操作

一、模拟实训

(一)实训项目

基于调研企业判断其领导风格(类型)实训。

(二)实训目的

通过这项实训活动,可以让学生通过分析管理方格理论和领导生命周期理论,来掌握不同类型领导方式,熟悉各种领导方式的特点,为将来从事领导工作奠定良好的基础。

(三)实训内容

(1)要求每个学生阅读至少一位伟人或企业家传记,总结其领导风格与特点,写出读后感报告,在课内进行交流。

(2)以小组为单位,利用课余时间,做市场调查。调查所选公司的领导,通过与公司员工及领导本人的交流分析公司负责人的领导方式及其领导特点。

(3)学生利用课余时间去企业实地调研,然后利用教学时间,在班级课堂内总结分析。

(四)总结与评估

(1)由学生发言,交流第一项报告,教师根据学生的报告和讨论课上的表现给予评价。

(2)由教师找4名学生做评委,给每组的实训内容中的第二项内容打分,并说出打分

的理由。(满分100分)

(3) 由教师根据综合情况给每组加减分,评出名次。

(4) 教师做出点评,并总结本次实训得失。

(五) 实训样例

某公司销售副总经理家失火以后

某公司销售副总经理在外出差时家里失火了,他接到妻子电话后,连夜火速赶回家。第二天一早去公司向老总请假,说家里失火要请几天假安排一下。按理说,也不过分,但老总却说:"谁让你回来的?你要马上出差,如果你下午还不走,我就免你的职。"这位副总很有情绪,无可奈何地从老总办公室里出来后又马上出差走了。老总听说副总已走,马上把党、政、工、团等部门负责人都叫了过来,要求他们分头行动,在最短的时间内,不惜一切代价把副总家里的损失弥补回来,把家属安顿好。

【讨论问题】

(1) 从管理方格理论分析这位老总属于哪一种领导风格?为什么?

(2) 从本案例中你可以获得哪些启迪?

(3) 你赞成这位老总的做法吗?有何建议?

【分析结论】

(1) 从管理方格理论分析这位老总属于9—9理想型领导风格。因为老总对工作和下属的关心都达到了较高点。

(2) 从本案例中可看出,作为领导者,关心工作和关心员工都很重要,也可以同时做到。既要努力使员工在完成组织目标的同时,又要满足个人需要,只有这样,才能使领导工作卓有成效。

(3) 对这位老总的做法基本赞同。但觉得让再次出差这环节时有些不妥,应在副总出差的同时,就告诉其将如何安顿家属的决定,以免其牵挂家里而带着情绪出差。尽早让副总知道老总用意,可能效果更好。

(资料来源:http://zhidao.baidu.com/question/56778972.html,有修改)

二、管理游戏

游戏一 个人发展盾形图

【项目简介】

游戏目的:对自己有一个更清晰的认识,从而了解自己在个人发展方面的真正需求。

形式:先以个人形式完成,而后再以五人一组的形式进行交流。本游戏属于个人成长发展类及领导力开发类。

人数:30人。

时间:20分钟。

场地:空地。

用具:个人发展盾形图表。

适用对象：全体参加领导力训练的学生。

【训练步骤】

（1）发给每位学生一张"个人发展盾形图表"。

（2）让每位学生把答案以图画的形式画在相应的格中。

（3）十分钟后当大家都画完了，就安排大家进入小组，而后在小组中进行交流。

个人发展盾形图如图14-3所示，下面以图画的形式在盾形图中做相应的回答。

第一部分：描述你作为一名领导者的最大优势是什么。

第二部分：描述你打算从哪些方面着手提高你的领导水平。

第三部分：描述是什么动力推动你迈向成功的。

第四部分：你打算向哪一位著名的领导人学习。

第五部分：画一幅能够说明你的重要价值的图画。

第六部分：画一幅能够说明你如何对压力做出反应的图画。

第七部分：描绘出你个人的十年发展前景。

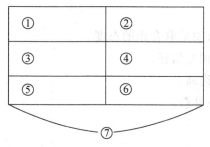

图14-3　个人发展盾形图

【相关讨论】

（1）你认为这个练习是否能帮助你增强对自己的认识？

（2）与小组成员讨论过程中，在哪些方面受到启发？

【游戏总结】

（1）只有了解自己，才能确定其领导地位和完善其领导风格。

（2）要想做一名出色的管理者，必须不断地有效提高自己的领导水平。

（3）要以成功的领导人为榜样，取长补短，做好个人的职业生涯规划。

游戏二　红与黑

【项目简介】

全班同学分成两队，分别为队A、队B，各自争取取得高分。每轮你队有两种选择——红或黑，由工作人员了解你队每轮的选择并告知你们的得分，你队可根据上轮得分确定下轮选择。

人数：10～15人一组。

时间：50分钟。

场地：不限。

【训练步骤】

(1) 两队在第四轮选择后,征得双方同意,可进行第一次沟通,双方各派一名代表外出面谈,面谈时间为1分钟。

(2) 两队在第八轮选择后,双方必须进行沟通,面谈时间为1分钟。

(3) 两队除按上述规则可召集的面谈外,禁止其他沟通。

(4) 得分计算

① 队A、队B均选红,各得1分;队A、队B均选黑,各减1分。

② 一队选红、一队选黑,选红者减3分,选黑者加3分。

③ 第9与第10轮选择,得分乘3后计入总分。

【相关讨论】

(1) 红与黑的游戏中蕴藏着什么?

(2) 你认为什么是团队,怎样领导一个团队?

(3) 只有共赢才有可能赢,你赞同这句话么?

【游戏总结】

(1) 要取得长期利益,必须采取合作的态度。

(2) 团体合作的基础是相互信任。

(3) 信任来自于畅顺的沟通。

(4) 信任一旦逝去,难以补救。

三、参观走访

【走访对象】

商场主管或大型酒店(饭店)的经理。

【实训目的】

了解主管或大型酒店(饭店)经理在工作过程中领导力的具体体现。

【实训内容】

(1) 如何安排一天的工作。

(2) 如何处理突发状况。

【实训组织】

(1) 全部分4~6个小组,由组长带队分别行动。

(2) 预先与走访对象取得联系,每组联系业务主管或公司领导。

(3) 每组专人负责做好走访资料的搜集。

【实训要求】

(1) 倾心听介绍,认真记录,加强口才锻炼,学会正确沟通。

(2) 每人写一篇走访心得体会。

【实训考核】

教师对学生的走访心得进行批阅打分,并选出优秀心得在全班进行交流与学习。

四、辩论互动

【题目】

领导力是与生俱来的吗?

【实训目的】

(1) 了解领导力的基本理论。

(2) 使学生掌握领导力的培养方法。

(3) 初步学会运用领导力。

【实训内容】

(1) 论述领导基本理论的应用。

(2) 论述领导力的产生和培养。

【方法与要领】

(1) 分正方与反方两组(每组5人),全班也可以分成若干小组进行组合。

(2) 正方持"领导力是与生俱来"的立场论述领导力的问题。

(3) 反方以"领导力是需要后天培养"等理论反驳正方论点。

(4) 正、反双方在辩论中,既要回答对方的提问,又要向对方提出疑难问题,要求答辩。

(5) 正、反双方举例鲜明生动,分别形成简要的书面辩论材料,呈报教师或评委。

【成绩测评】

由教师、学生或邀请管理专家组成评委组评判辩论结果。

实训十五

基于模拟公司制订一份有效运营的控制方案

第一部分　基础理论知识

本实训通过熟悉管理学的相关知识,进一步掌握控制系统、控制过程、产出控制的应用。

一、控制

控制就是要证实企业的各项工作是否已经和计划相符,其目的在于指出工作中的缺点和错误,以便纠正并避免重犯。

控制是指对人可以控制、对活动也可以控制;只有控制了,才能更好地保证企业任务顺利完成,避免出现偏差。

当某些控制工作显得太多、太复杂、涉及面太大,不易由部门的一般人员来承担时,就应该让一些专业人员来做,即设立专门的检查员、监督员或专门的监督机构。

从管理者的角度看,应确保企业有计划安排并且执行,而且要反复地确认修正控制,保证企业社会组织的完整。由于控制适合于任何不同的工作,因此控制的方法也有很多种,有事前控制、事中控制、事后控制等。

企业中控制人员应该具有持久的专业精神,敏锐的观察力,能够观察到工作中的错误,及时地加以修正;要有决断力,当有偏差时,应该决定该怎么做。当然,做好这项工作也是很不容易的,控制也是一门艺术。管理职能并不是企业管理者个人的责任,它同企业经营管理的其他职能一样,是一种分配于领导人与整个组织成员之间的工作。

二、控制系统

控制系统是指向管理者提供的有关组织战略和结构能否有效地发挥作用这一信息的正式的目标设定、监督、评估和反馈系统。当出现偏差时,有效的控制系统就会向管理者发出警告,并给他们留出做出反应的时间。

有效的控制系统具有三个特征:

(1) 它应足够灵活,以便管理者能对预料之外的事件及时做出反应;

(2) 它能提供准确信息,向管理者提供有关组织业绩的真实情况;

(3) 它能向管理者提供及时的信息,因为基于过时信息所做出的决策很容易导致失败。

三、控制的类型

根据控制获取的方式和时间的不同而将管理控制划分为前馈控制、现场控制和反馈控制三类,其控制类型工作流程如图15-1所示。

(1) 前馈控制是在工作正式开始前对工作中可能产生的偏差进行预测和估计并采取防范措施,将可能的偏差消除于产生之前。

(2) 在工作正在进行中所施与的控制,叫现场控制,也称为同步控制或同期控制。

(3) 反馈控制是在工作结束或行为发生之后进行的控制,故常称为事后控制。

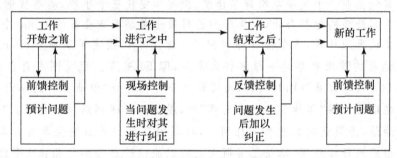

图 15-1 控制类型工作流程

四、管理控制过程

不管是输入阶段、转换阶段,还是产出阶段都可以分为以下三个步骤:

(1) 确立标准,确定控制对象,选择控制重点,制定控制标准;

(2) 测量实际与界定的偏差,测量或预测实际工作成绩,进行实际与标准的比较;

(3) 分析原因与采取措施:找出偏差产生的主要原因,确定纠偏措施的实施对象,选择恰当的纠偏措施。

在控制工作中,控制的程序是:设立目标、衡量偏差、纠正偏差。设立目标主要有:衡量效率、质量、创新和对顾客反馈的目标,还包括一些产出业绩标准。

管理者用来评估产出或业绩的三种主要机制是:财务标准、组织目标和运营预算。

五、管理控制的方法

（1）预算控制：业务预算、财务预算、专门预算及全面预算体系。

（2）非预算控制：管理审核、计划评审技术、损益分析法、比率分析法、统计报告法、专题报告和盈亏分析等。

第二部分　案例分析

案例一　美孚石油(Mobil)公司的控制策略

美孚石油(Mobil)公司是世界上最著名的公司之一。在1992年，它的年收入就高达670亿美元，这比世界上大部分国家的年收入还高，真正是富可敌国。不过，美孚的进取心是很强的，它还想做得更好。于是在1992年初美孚石油公司做了一个调查，试图发现自己的新空间。当时美孚公司就"什么是对顾客最重要"的问题对服务站的4 000位顾客进行调查，结果发现：仅有20%的被调查者认为价格是最重要的。其余的80%的调查者想要三件同样的东西：一是快捷的服务，二是能提供帮助的友好员工，三是对他们的消费忠诚予以一些认可。

美孚石油公司把这三样东西简称为速度、微笑和安抚。美孚的管理层认为：论综合实力，美孚在石油企业里已经独步江湖了，但要把这三项指标拆开看，美国国内一定还有做得更好的其他企业。于是美孚组建了速度、微笑和安抚三个小组，去寻找速度最快、微笑最甜和回头客最多的标杆公司，以标杆为榜样改造美孚遍布全美的8 000个加油站。

经过一番认真地寻找，三个标杆都找到了。速度小组锁定了潘斯克(Penske)公司。世界上赛车运动的顶级赛事是一级方程式赛车，即F1赛车。但美国人有自己的F1赛车，即"印地500汽车大赛"(Indy500)，而潘斯克公司就是给"印地500汽车大赛"提供加油服务的。在电视转播"印地500汽车大赛"时，观众都目睹到这样的景象：赛车风驰电掣般冲进加油站，潘斯克的加油员一拥而上，眨眼间赛车加满油绝尘而去。美孚石油公司的速度小组经过仔细观察，总结了潘斯克之所以能快速加油的绝招：这个团队身着统一的制服，分工细致，配合默契。而且潘斯克的成功，部分归功于电子头套耳机的使用，它使每个小组成员能及时地与同事联系。

于是，美孚石油公司的速度小组提出了几个有效的改革措施：首先是在加油站的外线上修建停靠点，设立快速通道，供紧急加油使用；加油站员工佩带耳机，形成一个团队，安全岛与便利店可以保持沟通，及时为顾客提供诸如饮料一类的商品；服务人员保持统一的制服，给顾客一个专业加油站的印象。

微笑小组锁定了丽嘉-卡尔顿酒店作为温馨服务的标杆。丽嘉-卡尔顿酒店号称全美最温馨的酒店，那里的服务人员总保持招牌般的甜蜜微笑，因此获得了不寻常的顾客满意度。美孚的微笑小组观察到，丽嘉-卡尔顿酒店对所有的新员工进行了广泛的指导和培训，使员工们深深铭记：自己的使命就是照顾客人，使客人舒适。

全美公认的回头客大王是"家庭仓库"公司,安抚小组于是把它作为标杆。他们从"家庭仓库"公司学到:公司中最重要的人是直接与客户打交道的人。没有致力于工作的员工,你就不可能得到终身客户。这意味着要把时间和精力投入到如何雇佣和训练员工上。而过去在美孚石油公司,那些销售公司产品,与客户打交道的一线员工传统上被认为是公司里最无足轻重的人。

安抚小组的调查改变了美孚石油公司以往的观念,现在领导者认为自己的角色就是支持这些一线员工,使他们能够把出色的服务和微笑传递给公司的客户,传递到公司以外。

美孚石油在经过标杆管理之后,他们的顾客一到加油站,迎接他的就是服务员真诚的微笑与问候。所有服务员都穿着整洁的制服,打着领带,配有电子头套耳机,以便能及时地将顾客的需求传递到便利店的出纳那里。希望得到快速服务的顾客还可以开进站外的特设通道中,只需要几分钟,就可以完成洗车和收费的全部流程。这样做的结果是:加油站的平均年收入增长了10%。

(资料来源:李苏杰.知行经理人[N],2008-10-27,有修改)

思考题

1. 美孚石油公司对8 000个加油站采取的措施具体体现了哪些控制思想?
2. 谈谈你对计划、实施、控制和效果这几者之间关系的认识。

案例二 摆梯子

在某集团生产车间的一个角落,因工作需要,工人需要爬上爬下,因此,工长甲放置了一个梯子,以便上下。可由于多数工作时间并不需要上下,屡有工人被梯子所羁绊,幸亏无人受伤。于是车间主任乙叫人改成一个活动梯子,用时就将梯子支上,不用时就把梯子合上并移到拐角处。由于梯子合上竖立太高,屡有工人碰倒梯子,还有人受伤。为了防止梯子倒下砸着人,生产副厂长丙在梯子旁写了一个小条幅:请留神梯子,注意安全。一晃几年过去了,再也没有发生梯子倒下砸着人的事。

一天,外商来谈合作事宜,他们注意到这个梯子和梯子旁的小条幅,驻足良久。外方一位专家熟悉汉语,他提议将小条幅修改成这样:不用时,请将梯子横放。很快,梯子边的小条幅就改过来了。

(资料来源:余敬,刁凤琴.管理学案例精析[M].北京:中国地质大学出版社.2006)

思考题

1. 从控制职能角度分析甲、乙、丙和外商属于什么控制手段?
2. 本案例给我们什么启迪?

第三部分 实训操作

一、模拟实训

(一) 实训项目

基于模拟公司,制订一份公司有效运营的控制方案。

(二) 实训目的

(1) 通过这项实训活动,培训学生掌握控制的基本理论;

(2) 能够基本运用具体方法解决实际管理问题。

(三) 实训内容

(1) 基于实训一的初创公司为平台,开展此实训活动。

(2) 利用课余时间,针对本组创办的公司进行讨论,假设在目标实现过程中,遇到管理上的一些问题,制订一份公司有效运营的控制方案(如财务指标问题等)。

(3) 方案中包括:如何根据外部环境和企业自身条件,控制企业战略目标的实现?(例如,市场占有率、投资回报率、销售额等)

(4) 在实训课中,每组找出一位学生展示其控制方案,时间不超过 10 分钟。

(四) 总结与评估

(1) 由教师找 4 名学生做评委,给每组打分,并说出打分的理由。(满分 100 分)

(2) 每组分数加总后平均。

(3) 由教师再根据综合情况给每组加减分,进行点评。

(4) 教师做出总结。

(五) 实训样例

大学生考试"作弊"的控制

请大家分组讨论怎样才能建立起一个有效的控制系统,以使学生在考试中的作弊行为减少到最低限度。请按下列情形分别给出你们的控制手段与建议:(1) 作弊行为发生前;(2) 作弊行为在课堂考试进行之中;(3) 已经发生。请每个团队建立的控制系统对大学生考试"作弊"现象制订可实施方案。

经讨论将控制手段和建议归纳如下。

1. 作弊行为发生前,采取事前预防控制。

(1) 重视对学生的诚信教育,引导大学生学会做人。

(2) 加强思想教育,使学生树立正确的考试观。

(3) 改变教学管理模式,实行弹性学制。重点提高学生学习的主动性,尤其是放宽了学习的年限,缓解学生的心理压力。

2. 作弊行为在课堂考试进行之中,进与现场控制。

(1) 考试前宣布考试纪律。

(2) 发现有作弊行为倾向的,随时提醒并警告考生。
(3) 发现有作弊工具,及时收缴并放置在远离考生的地方。
(4) 监考教师随时走动,环视考场。
(5) 营造良好的人文考试环境,减少或降低考试焦虑、紧张程度,以发挥出正常水平。

3. 作弊行为已经发生,进与事后控制。
(1) 发现已经作弊的,与学生沟通,保留证据,做好记录。
(2) 按考试纪律进行处理。
(3) 警告其他考生不要有此行为。
(4) 注重学生平时表现,考试题以科学地考核学生能力重点,围绕教学大纲,避免偏、难和怪题出现。

二、管理游戏

游戏一 我还不错,但是他们呢?

【项目简介】

游戏目的:(1) 演示说明人们常常认为自己高于一般水平;(2) 向学生指出如果大家都使用同样的衡量标准,那么从数学上来说大多数人都不可能高于平均水平。

人数:全体学生。

时间:15~20分钟。

场地:教室。

用具:事先准备好的问题,最好同时准备一份打印好的评估表。

【训练步骤】

(1) 请大家按5分制给自己评分,可以从以下几个方面着手:身体、智力、行为等。比如,外貌的吸引力、内在的智慧、举止的优雅程度。

(2) 然后请大家用同样的方法和评判标准来评判一个典型人物,可以是班级的一个同学,也可以是你认识的某个人。

(3) 在每次评估前提醒学生,中间分(2.5分)代表平均水平。

(4) 将自我评定的数据收集上来,并计算出平均值,然后将典型人物的评估数据也收集上来并计算其平均分数。

【相关讨论】

(1) 你认为在自我评定和给他人进行评定的平均值间,哪个数字会更高些?(可能的回答:两者很相近,或自我评定的平均分更高)为什么你这样认为?(因为大多数人认为自己高于平均水平)

(2) 这个现象对于人们评估自己的表现方面会有什么影响?

(3) 我们可以从哪些方面来增强这类评估的客观性?

【游戏总结】

平时注意身边的事物,做到细心、认真、踏实,就能控制好每一件小事。

游戏二　意念的力量

【项目简介】

游戏目的：用于说明意念的力量是非常大的,思想上的暗示有时的确能带来实际上的行动。

人数：全体学生。

时间：5分钟。

场地：教室。

用具：无须材料。

【训练步骤】

(1) 请全体学生双手交握,手指交叉,但伸出两个食指保持平行,相距大约2~3厘米。

(2) 然后请大家假想在两个食指之间有着一条很紧的橡皮带。

(3) 这时,教师用非常深沉的声音音调,很慢很慢地说"你能感觉到橡皮带的力量,它把你的两个食指越拉越近,越拉越近,越拉越近……"

经验指出,一般会有2/3的学生会随着你的指示有反应。

【相关讨论】

(1) 是什么使得你的手指动了？

(2) 你过去有没有发现过意念的力量能促使一些事情或动作的发生？

(3) 那些手指保持不动的同学,你们是如何反抗橡皮带的力量的呢？

【游戏总结】

(1) 意念本身是有力量的。

(2) 思想上的暗示能造成行为上的差异。

(3) 我们要对自己进行积极的心理暗示,做一个乐观向上的人。

(4) 要想改变一个人的行为,先改变一个人内心的观念。

三、参观走访

【走访对象】

企业质量控制主管或财务专员。

【实训目的】

了解企业在实施质量控制以及成本控制等内部控制方面所采取的措施和方法。

【实训内容】

(1) 了解哪些阶段和环节需要控制。

(2) 控制标准的制定。

(3) 做一个合格的质量控制或成本控制人员需要具备哪些相关知识结构。

【实训组织】

(1) 将全班同学分为4~6个小组,由组长带队分别行动。

(2) 预先与走访对象取得联系,每组联系企业质量管理或财务管理负责人或是相关主管人员。

(3) 每组专人负责做好走访资料的搜集。

【实训要求】

(1) 和企业负责人或是相关主管人员沟通,学习管理控制实践知识。

(2) 每人写一篇走访小结。

【实训考核】

教师对学生的走访心得进行批阅打分,并选出优秀心得在全班进行交流与学习。

四、辩论互动

【题目】

计划等于控制?

【实训目的】

(1) 了解计划与控制的基本内容。

(2) 培养学生理解能力以及语言表达能力。

【实训内容】

(1) 区分计划与控制两个管理职能。

(2) 论述控制的基本形式及内容。

(3) 探讨计划与控制的区别。

【方法与要领】

(1) 分正方与反方两组(每组 5 人),全班也可以分成若干小组进行组合。

(2) 正方持"计划就是控制"的观点。

(3) 反方以"计划并不等于控制"的观点反驳正方论点。

(4) 正、反双方在辩论中,既要回答对方的提问,又向对方提出疑难问题,要求答辩。

(5) 正、反双方举例鲜明生动,分别形成简要的书面辩论材料,呈报教师或评委。

【成绩测评】

由教师、学生或邀请管理专家组成评委组评判辩论结果。

实训十六

基于模拟公司制定该企业的组织文化

第一部分 基础理论知识

本实训主要通过熟悉管理学的相关知识,进一步掌握组织文化的作用,以及如何应用。

一、组织文化的结构

组织文化的结构划分有多种观点,这里我们把组织文化划分为三个层次,即精神层、制度层和物质层。

1. 精神层

精神层主要是指组织的领导和成员共同信守的基本信念、价值标准、职业道德和精神风貌。精神层是组织文化的核心和灵魂,它包括六个方面:① 组织最高目标,它是组织全体成员的共同追求,是组织全体成员凝聚力的焦点,是组织共同价值观的集中表现,反映了组织领导者和成员的追求层次和理想抱负,是组织文化建设的出发点和归属;② 组织哲学,是组织领导者为实现组织目标而在整个管理活动中的基本信念,是组织领导者对组织长远发展目标、发展战略和策略的哲学思考;③ 组织精神,是组织有意识地提倡、培养其成员群体优良风貌,是对组织现有的观念意识、传统习惯、行为方式中的积极因素进行总结、提炼及倡导的结果,是全体成员有意识地实践所体现出来的;④ 组织风气,是指组织及其成员在组织活动中逐步形成的一种带有普遍性的、重复出现且相对稳定的行为心理状态,是影响整个组织生活的重要因素;⑤ 组织道德,是指组织内部调整人与人、单位与单位、个人与集体、个人与社会、组织与社会之间关系的行为准则;从其内容结构来看,主要包含调节成员与成员、成员与组织、组织与社会三方面关系的行为准则和规范;⑥ 组织宗旨,是指组织存在的价值及其对社会的承诺。

2. 制度层

制度层是组织文化的中间层次,主要是指对组织和成员的行为产生规范性、约束性影响的部分,它集中体现了组织文化的物质层和精神层对成员和组织行为的要求。制度层规定了组织成员在共同的活动中应当遵守的行为准则,它主要包括以下三个方面:

(1) 一般制度,指组织中存在的一些带普遍意义的工作制度和管理制度,以及各种责任制度;

(2) 特殊制度,主要是指组织的非程序化制度,与一般制度相比,特殊制度更能反映一个组织的管理特点和文化特点;

(3) 组织风俗,是指组织长期相沿和约定俗成的典礼、仪式、行为、习惯、节日、活动等。

3. 物质层

物质层是组织文化的表层部分,它是组织创造的物质文化,是形成组织文化精神层和制度层的条件,它主要包括以下方面:

(1) 组织名称、标志、标准字、标准色;

(2) 组织外貌,如自然环境、建筑风格、办公室等场所的设计和布置方式、绿化美化情况、环境的治理等;

(3) 工作的性质、特点等;

(4) 特质性、创造性的内容;

(5) 公司/厂徽、公司/厂旗、公司/厂歌、公司/厂服;

(6) 组织的文化体育生活设施;

(7) 组织造型和纪念性建筑;

(8) 组织纪念品;

(9) 组织的文化传播网络,如自办的报刊、有线广播、闭路电视、计算机网络、宣传栏(宣传册)、广告牌、招贴画等。

二、组织文化的传递方式

1. 创始人的价值观

创始人是组织中对组织文化类型影响最大的管理者。组织创始人及其个人的价值观和信念,对组织内部随着时间流逝发展起来的价值观、规范、行为标准产生实质性的影响。

2. 社会化过程

组织社会化(Organizational Socialization)是新成员学习组织价值观和规范、掌握有效从事工作所必需的行为规范的过程。

3. 仪式和典礼

仪式和典礼是另一种管理者用来创造或影响组织文化的方式。管理者通过制定组织仪式和典礼之类的正式活动,使员工识别对组织整体和特定个人来说重要的事件。

4. 故事

故事也可用来交流组织文化。组织英雄、失败者以及有关他们所作所为的故事(不论是事实还是虚构),提供了组织价值和规范的重要线索。

第二部分　案例分析

案例一　松下公司企业文化

松下公司是世界500强企业之一,于1918年3月开业,1932年5月5日确定每年5月5日这一天为公司创业纪念日,并制定了松下公司250年的长远规划,每25年为一个周期。

日本是个崇尚礼仪的国家,宗教信仰贯穿日本的各个角落。反映在企业中,就是员工的忠诚和责任感。

松下公司的创始人松下幸之助先生是宗教信徒,他把宗教思想贯穿于企业经营之中,使企业获得极大成功。松下幸之助在一个很偶然的机会,由朋友带路去佛庙拜佛,他看到信徒们不计任何报酬,认认真真地在庙里打扫卫生,虔诚无比,向每一个来拜佛的人致谢。松下幸之助的内心产生极大的震撼。他决心,要以拜佛的诚心来领导、指引员工。这种修佛的思想被应用到企业日常管理的各个角落。而松下公司的企业精神则是:当你受到伤害时,你要感激他,因为那是磨练你的心志;你要感激欺骗过你的人,那是增加了你的见识;你要感激遗弃你的人,那是教导你应自立;你要感激绊倒你的人,那是在强化你的能力;你要感激斥责你的人,那是增长了你的智慧。

由此理念,松下公司培养了一大批具有责任感的企业经营者。在谈到如何管理、经营企业时,松下幸之助先生说:"当我的公司有100个员工时,我必须站在员工的最前面,身先士卒,发号施令;当员工增至1000人时,我必须站在员工的中间,恳求员工鼎力相助;当员工达到1万人时,我只有站在员工的后面,心存感激即可;如果员工增至5~10万人时,除了心存感激还不够,必须双手合十,以拜佛的虔诚之心来领导他们。"随着企业经营的扩大,必须靠一种精神力量来统治、管理一个企业,这就是企业文化。松下公司十分注重企业文化,依靠这种文化,松下公司与世界知名的飞利浦、西门子公司并称为世界三大电器公司。

松下公司的用人观是:意志、能力、道德,有这样一个故事可以说明。有一次,松下公司招聘推销人员,经过笔试、面试,在几百名面试人中优选出10名,但当松下幸之助先生查看成绩时,发现面试时的一名很优秀的应聘者未在其中,原来是计算机统计时出了差错,松下幸之助先生立即吩咐纠正错误,给这位应聘者补发了录取通知书。但第二天,松下幸之助先生接到了一个惊人的消息:那位迟收到录取通知书的应聘者,已因失望而自杀。松下幸之助先生听说后,沉默很久。助手在旁边自言自语地说:"可惜了我们未录取到这么有才华的人。"松下幸之助摇摇头说:"幸亏我们公司没有录取他,此人的意志如此不坚强是干不成大事业的。"我们可以看出松下幸之助先生对人才的评价,不止局限于才能方面,意志也是十分重要的。

日本员工信奉这样的老板,其用人,能够让下属和员工心甘情愿地吃苦拼命,努力向上,虽九死而犹未悔。而要做到这一点,就必须掌握日本企业的文化精髓。

（资料来源:http://wenku.baidu.com/view/e5d5be21dd36a32d7375816f.html）

思考题

1. 松下公司的企业文化的特点是什么？
2. 松下公司的企业文化的应用，在控制职能中如何发挥了怎样的作用？

案例二 惠普之道

一、惠普之道的由来

美国惠普公司创建于1939年，2010年在全球500家最大的工业公司中排名第26位。惠普公司不但以其卓越的业绩跨入全球百大公司行列，更以其对人的重视、尊重与信任的企业精神文明于世。

作为大公司，惠普对员工有着极强的凝聚力。到惠普的任何机构，你都能感受到惠普人对他们的工作是多么满足。这是一种友善、随和而很少有压力的氛围。惠普公司的成功，靠的正是"重视人"的宗旨，惠普公司重视人的宗旨源远流长，目前还在不断自我更新。公司的目标总是一再重新修订，又重新印发给每位职工。每次都重申公司的宗旨："组织之成就乃系每位同仁共同努力之结果。"然后，就要强调惠普对有创新精神的人所承担的责任，这一直是驱使公司获得成功的动力。正如公司目标的引言部分所说："惠普不应采用严密之军事组织方式，而应赋以全体员工以充分的自由，使每个人按其本人认为最有利于完成本职工作的方式，使之为公司的目标做出各自的贡献。"

因此，惠普的创建人比尔·休利特说："惠普的这些政策和措施都是来自于一种信念，就是相信惠普员工想把工作干好，有所创造。只要给他们提供适当的环境，他们就能做得更好。"这就是惠普之道。惠普之道就是尊重每个人和承认他们每个人的成就，个人的尊严和价值是惠普之道的一个重要因素。

二、分析与启示

惠普的成功在相当程度上得益于它恒久的企业精神。

（1）休利特总结过一条有趣的管理公式：博士＋汽车库＝公司，"惠普之道"尊重每一位员工，承认每一个人的成就，认为大家都是公司的"博士"。惠普的产品设计师们不管正在研发什么，都可以把研发的东西留在办公桌上，谁都可以过来摆弄一下，并可以无所顾忌地对这些发明评头论足。

惠普公司存放机械零件的储藏室从不锁门，工程师们不仅可以在工作中随意取用零件，而且公司还鼓励他们把零件拿回家供个人使用，帕卡德和休利特说，不论他们用这些零件所做的事是否和工作有关，只要他们摆弄这些总能学到东西。一次周末，休利特到工厂想干点儿活，但他发现器材的地方已经上锁，于是立即砸开门。星期一早上，人们看到他留下的条子："请勿再锁此门。谢谢！比尔。"

在惠普公司，任何一位领导都没有单独的办公室，公司各部门的全体职工，都在一个大办公室里办公，没有隔墙、没有门户，单位之间仅仅用不太高的屏风隔开。这就是所谓的"汽车库"，帕卡德和休利特还把它称为"开放式管理"，这种管理方式使员工随时可以提出他们遇到的问题和正在关注的问题，而经理也能够很快找到令人满意的解决办法。如果一个员工不愿意同他的直接上司谈话，他甚至可以越级同较高一级的经理讨论种种问题。

在惠普公司创办的头18年中,没有设立人事部。帕卡德和休利特并不是反感这种部门,而是特别强调经理和员工之间的沟通,他们认为,人事部可能排斥或干扰经理和员工之间的亲密关系。1957年,当惠普公司设立人事部时,帕卡德和休利特谨慎地确定了它的作用和原则,使其支持而不是取代经理人员。

惠普公司采取灵活的办公方式,其目的就是给员工提供良好的环境,让他们自由发挥自己的能力。惠普公司没有时刻表,不进行考勤,员工只要完成8小时工作即可,这样做正是为了让员工能够按照个人生活的需要来调整工作时间,更好地完成工作。

作为一个大公司,惠普公司在发展中依然能够保持与员工的个人感情,这已使其成为一个典范,而一切源于"惠普之道",即永远以关心、尊重和信任的态度对待员工。

(2) 公司采用的雇用制是日本大企业的典型做法,在欧美企业中形成鲜明的对照:重视个人,关心职工利益,与员工们同甘共苦。

为了同雇员保持非常亲密的关系,惠普公司采取了一系列周到的工作。野餐就是其中一项,这也是体现"惠普之道"的重要行动之一。20世纪50年代初,公司在圣克鲁斯山买下一块地皮,改建成娱乐区,面积足够让2000多人举行野餐,雇员及其家属还可以在一年中的任何时候到此露营。随着公司规模的扩大,惠普在其他地区也建起娱乐区。

(3) 惠普公司的用人政策是:给你提供永久的工作,只要员工表现良好,公司就永远雇用你。早在20世纪40年代,公司的总裁就决定,该公司不能办成"要用人时就雇,不用时就辞退"的企业。

1983年,英国女王伊丽莎白访美时,提出只参观一家公司,就是惠普公司。因为惠普公司不仅是全球排名前100名的公司,更以其对人的尊重和信任而闻名于世。1979年,某国际调查研究公司曾调查了近8000名惠普员工,询问他们对公司的看法。该调查公司致函惠普:"员工对惠普公司的看法都很乐观,心悦诚服地推荐本公司为具有最好工作环境的公司。这在25年中我们所调查过的100余家美国公司里,可以说是绝无仅有的。"

"惠普之道"自两位创办人创立以来,一直在随着时代的变迁,相应地衍生、演化着新的内涵。1999年,面对市场环境的变化,在秉承"惠普之道"核心价值观的基础上,惠普公司更加强调注重客户及市场、速度及弹性、团队及协作精神以及有意义的创新。2002年在与康柏合并后,惠普公司吸收了两家企业文化中各自的优势和长处,继续强调对个人的尊重与信任、追求卓越的成就与贡献、谨守诚信经营原则、团队合作和鼓励创新等核心价值,进一步为"惠普之道"发展出最新的内容——"领导力框架",强调企业经营目标与成长战略、组织结构与运营模式、企业文化与行为准则,以及成效和薪酬政策四个方面的动态配合。作为惠普公司的立身之本,"惠普之道"是推动惠普向前发展的动力源泉,而不断对"惠普之道"进行创新,是惠普获得持续成功的关键。

(资料来源:http://news.b2bvip.com/200409/29/57178.html,有修改)

> **思考题**
> 1. 优秀的企业文化怎样实现其经济价值?
> 2. 惠普公司的企业文化的应用,在控制职能中如何发挥了作用?

第三部分 实训操作

一、模拟实训

(一) 实训项目

基于模拟公司制定该企业的组织文化。

(二) 实训目的

通过这项实训活动,培训学生掌握组织文化的概念;理解组织文化的作用,运用组织文化控制企业的各种行为等。

(三) 实训要求

(1) 学生原来组成的小组人员不变,每组6~8人。
(2) 利用课余时间,查找3个著名企业的企业文化,分组讨论企业文化的作用。
(3) 拟制定一份模拟的公司组织文化方案。

(四) 实训内容

(1) 基于实训一的初创公司为平台,开展此实训活动。
(2) 每组学生分别查找3个著名企业的企业文化,讨论企业文化的作用,并进行比较。
(3) 制定本公司的企业文化。
(4) 实训课中,每组找出一位宣读其组织文化方案,时间不超过10分钟。

(五) 总结与评估

(1) 由教师找4名学生做评委,给每组打分,并说出打分的理由。(满分100分)
(2) 每组分数加总后平均。
(3) 由教师再根据综合情况给每组加减分,进行点评,评出前三名。
(4) 教师做出总结。

(六) 实训样例

麦当劳企业文化层次

麦当劳的企业文化是一种家庭式的快乐文化。

1. 物质文化层

和蔼可亲的麦当劳大叔、金色拱门、干净整洁的餐厅、面带微笑的服务员、随处散发的麦当劳优惠券等消费者所能看见的外在的麦当劳文化。

麦当劳大叔是友谊、风趣、祥和的象征,他总是打扮成传统马戏小丑——黄色连衫裤,红白条的衬衣和短裤,大红鞋,黄手套,一头红发。他在美国4~9岁儿童心中,是仅次于圣诞老人的第二个最熟悉的人物。

麦当劳的企业标志是弧形的"M"字母,以黄色为标准色,稍暗的红色为辅助色,黄色让人联想到价格的便宜,而且无论什么样的天气里,黄色的视觉性都很强。"M"字母的弧形造型非常柔和,和店铺大门的形象搭配起来,令人产生走进店里的强烈愿望。

2. 制度文化层

餐厅制定了规范化的行为标准,员工们严格按标准的程式运转。麦当劳创始人雷·克洛克认为,快餐连锁店要想获得成功,必须坚持统一标准,并持之以恒地贯彻落实。

就在第一家麦当劳餐厅诞生后的第三年,克洛克就制定出了第一部麦当劳营运训练手册(Q & T Manual),该手册详细记载麦当劳的有关政策、餐厅各项工作的程序和方法。在总结经验和吸取最新管理成果的基础上,公司每年都要对该手册进行修改和完善。

此外,公司还制定了岗位观察检查制度,把全部工作分为20多个工作站。每个工作站都建立了岗位观察检查表(Station Observation Checklist,SOC),详细说明该岗位职责及应注意事项等。新员工进入公司,要接受岗位培训,包括看岗位标准操作录像带,进行有专人辅导的操作练习等。管理者要对员工的实际操作情况进行跟踪,员工的岗位完成情况要记入岗位观察检查表。这样做的目的,一方面有利于总结经验,追求科学完美的管理境界;另一方面,通过检查员工的岗位观察检查表,公司可以对员工进行考核,决定是否录用、升降和奖惩。

麦当劳管理人员都有一本袖珍品质参考手册(Pocket Guide),上面记载有诸如半成品接货温度、储藏温度、保鲜期、成品制作温度、制作时间、保存期等指标,还有关于机器设备方面的数据。有了这本手册,管理人员就可以随时随地进行检查和指导,发现问题及时纠正,保证产品质量能够达到规定标准。

为提高管理人员自身的素质,为餐厅培养高级管理人才,公司设计了一套管理发展手册(MDP)。该手册实际上是具有麦当劳特色的餐厅管理教科书,既结合麦当劳的实际情况,讲解餐厅管理的方法;又给出大量案例,要求经理们结合实际工作来完成。当管理人员掌握了一定的理论与实践知识后,还要系统学习一些相应课程,如基本营运课程、基本管理课程、中级营运课程等。在完成上述学习后,要想胜任餐厅经理,还必须到美国汉堡大学进修高级营运课程。

3. 精神文化层

麦当劳能成为世界上最成功的快餐连锁店,就在于它有一套独特的经营理念,正是凭着这套经营理念,使麦当劳走向一个又一个辉煌。简单来说,麦当劳的经营理念可以用四个字母来代表,即Q、S、C、V。具体来说,Q代表质量(Quality)、S代表服务(Service)、C代表清洁(Cleanliness)、V代表价值(Value)。这一理念是由麦当劳的创始人雷·克洛克在创业之初就提出来的。几十年来,麦当劳始终致力于贯彻这一理念,说服一个又一个的消费者来品尝他的汉堡。

Q(质量):为保证食品的独特风味和新鲜感,麦当劳制定了一系列近乎苛刻的指标。所有原材料在进店之前都要接受多项质量检查,其中,牛肉饼需要接受的检查指标达到

40多个;奶浆的接货温度不超过4℃;奶酪的库房保质期为40天,上架时间为2小时;水发洋葱为4小时,超过这些指标就要废弃;产品和时间牌一起放到保温柜中,炸薯条超过7分钟,汉堡超过10分钟就要扔掉。

S(服务):麦当劳提倡快捷、友善和周到的服务。麦当劳餐厅的侍应生谦恭有礼,餐厅的设备先进便捷,顾客等候的时间很短,外卖还备有各类消毒的食品包装,干净方便。餐厅布置典雅,适当摆放一些名画奇花,播放轻松的乐曲,顾客在用餐之余还能得到优美的视听享受。有些餐厅为方便儿童,专门配备了小孩桌椅,设立了"麦当劳叔叔儿童天地",甚至考虑到了为小孩换尿布问题。麦当劳餐厅备有职员名片,后面印有Q、S、C三项评分表,每项分为好、一般和差三类,顾客可以给其打分,餐厅定期对职员的表现给予评判。

C(清洁):走进麦当劳餐厅,你会感觉到那里的环境清新幽雅、干净整洁。麦当劳制定了严格的卫生标准,如员工上岗前必须用特制的杀菌洗手液搓洗20秒,然后冲净、烘干。麦当劳不仅重视餐厅和厨房的卫生,还注意餐厅周围和附属设施的整洁,连厕所都规定了卫生标准。麦当劳管理者认为,如果一个顾客在用餐之后,走进的是一个肮脏不堪的洗手间,很难想象他下次还会再光顾这家餐厅。

V(价值):所谓价值,就是说要价格合理、物有所值。麦当劳的食品讲求味道、颜色、营养,价格与所提供的服务一致,让顾客吃了之后感到真正是物有所值。同时,麦当劳还尽力为顾客提供一个宜人的环境,让顾客进餐之余得到精神文化的享受,这是无形的价值。

(资料来源:http://baike.baidu.com/view/2258331.html)

二、管理游戏

游戏一 如何越过障碍区?

【项目简介】

团队合作是组织文化中非常重要的一个环节,如何能加强团队成员之间的了解和合作,建立团队成员间的信任感?可以通过一个游戏来让大家意识到团队合作的重要性和操作要点。

游戏目的:鼓励员工信任同伴并配合、帮助同伴。

时间:25~35分钟。

场地:教室或实训室。

用具:2个课桌、3个凳子、扫帚1把、眼罩1个、粗绳2条。

【训练步骤】

(1)从全班同学中招募4位志愿者,负责游戏场地的管理和布置;再招募5组游戏参与人员(每组两位同学,分A角和B角)。

(2)游戏A角带上眼罩,进入游戏场地,志愿者在游戏场地用课桌、凳子和绳子设置各种障碍。

(3) 游戏B角在警戒线外负责给A角发行动指令,力争用最短的时间越过各种障碍到达终点,志愿者为他们计时。

(4) A角和B角进行角色互换,把两位同学通过障碍区所用时间相加,就是改组的成绩。

(5) 5组同学全部完成工作后,比较成绩,评出优胜者。

(6) 教师启发、点评,请大家思考。

【相关讨论】

(1) 团队合作的重要性?

(2) 组织成员间如何建立相互信任?

(3) 怎样才能使团队成员配合默契?

【游戏总结】

统一而明确的目标、高度的相互信任、明确的任务分工是成功与他人合作的基础;团队文化的建设也应该从这三个方面入手。

游戏二　分析一下您家庭的文化

【项目简介】

游戏目的:该游戏引导学生确定、分析自己的家庭氛围,是什么因素决定了家庭的文化,家庭的组织文化体现在哪些方面。

时间:20~30分钟。

场地:不限。

用具:每人发一份纸笔。

【训练步骤】

(1) 教师表述:每个家庭都有独特的风格和氛围,然而,正是这种家庭环境影响了家庭成员的价值观念和处事方式,因此应该深入探讨一下家庭的小文化。

(2) 给学生1分钟时间,想一想他们家庭的目标、价值观念和处事风格。

(3) 给学生3分钟时间,弄清楚自己家庭有哪些"家法",列出一个清单。

① 长辈严令禁止不要做的事情。

② 不提倡家庭成员做的事情,做错了之后的惩罚。

③ 家庭重大决定是如何产生的?

④ 是否有明确的家庭成员"行为规范"?

⑤ 家庭成员的分工。

(4) 给学生3分钟时间,弄清楚自己家庭有哪些独特的物质因素,列出一个清单。

① 家庭装修风格。

② 家庭成员的着装风格。

③ 家庭装饰品的多少、装饰品风格。

④ 家庭成员的说话风格。

(5) 邀请一部分学生分享自己的清单内容,大家一起来总结其家庭文化,同时评价、提炼家庭文化对该学生价值观和处事方式的影响。

(6) 鼓励学生分析自己的家庭文化,并提出值得推广的文化要素和应该摒弃的文化要素。

【相关讨论】

(1) 你认为你家氛围如何?

(2) 你认为家庭文化由哪些指标构成?

(3) 制订一个行动计划,来优化自己家庭的组织文化。

【游戏总结】

家庭和睦对每一个家庭都很重要。增强与家人之间的沟通,营造一个良好的家庭氛围,互相体谅家庭成员,多站在对方的角度去考虑问题,理解、包容、支持、关心是促进家庭和睦的重要因素。

三、参观走访

【走访对象】

企业战略研究部员工或人力资源部主管。

【实训目的】

了解组织文化管理工作及注意事项。

【实训内容】

(1) 组织文化的构成。

(2) 制定组织文化中的注意事项。

(3) 如何传播企业的组织文化。

【实训组织】

(1) 全部分3~5个小组,由组长带队分别行动。

(2) 预先与走访对象取得联系,每组联系战略研究部(最后是主管企业文化的人员)或人力资源主管。

(3) 每组专人负责做好走访资料搜集。

【实训要求】

(1) 和战略研究员或人力资源主管沟通,学习企业文化管理实践知识。

(2) 每人写一篇走访小结。

【实训考核】

教师对学生的走访心得进行批阅打分,并选出优秀心得在全班进行交流与学习。

四、辩论互动

【题目】

在组织文化中,精神层比物质层更重要。

【实训目的】

(1) 了解掌握组织文化的基本构成。

(2) 培养学生语言表达能力。

【实训内容】
(1) 论述组织文化的构成。
(2) 论述组织文化精神层的构成与作用。
(3) 论述组织文化物质层的构成与作用。
(4) 论述组织文化的传播方式。
【方法与要领】
(1) 分正方与反方两组(每组6人),全班也可以分成若干小组进行组合。
(2) 正方基于"在组织文化中,精神层比物质层更重要"的立场来阐述观点。
(3) 反方以"组织文化中,物质层比精神层更重要"的立场来反驳正方论点。
(4) 正、反双方在辩论中,既要回答对方的提问,又要向对方提出疑难问题,要求答辩。
(5) 正、反双方举例鲜明生动,分别形成简要的书面辩论材料,呈报教师或评委。
【成绩测评】
由教师、学生或邀请管理专家组成评委组评判辩论结果。

实训十七

撰写一份创业策划书

第一部分　基础理论知识

一、创业策划书概述

1. 创业策划书的概念

创业策划书是新创办企业的"商业计划书"(Business Plan),它是在大量、系统、周密的调查研究与反复论证基础上,对创业项目有关事项进行全方位筹划的书面文摘,包括商业前景展望,人员、资金、物质等各种资源的整合,以及经营的思想、战略确定等,是为创业项目制定的一份完整、具体、深入的战略性行动指南。

2. 创业策划书的作用

（1）给自己信心。

（2）吸引风险基金投资公司合作。

（3）使亲友及加盟团队成员信任。

（4）有计划地行动。

3. 创业策划与创业融资的关联

创业策划书,原指一无所有的创业者就某一项具有市场前景的新产品或服务向风险投资家游说,以取得风险投资的商业可行性报告。可见,创业策划书原本是一种吸引投资的工具。

二、成功创业策划书的特点

成功的创业策划书应符合四大标准。

一是可支持性,即充足的理由是什么?

二是可操作性,即如何保证成功?

三是可赢利性,即能否带来预期的回报?

四是可持续性,即项目或企业能生存多久?

这些特征要求创业者制定创业策划书时应该注意以下要点。

1. 结构清楚

要求创业策划书必须逻辑严密、结构清楚,使读者能够灵活地选择他们想要阅读的部分。

2. 表意客观

一方面创业者在叙述他们的创意时要符合实际,不要夸大其词;另一方面,正确的表述应当尽己所能,提供最准确的数据。

3. 通俗易懂

大多数情况下,简单的说明、草图和照片就足够了。如果计划中必须包括产品的技术细节和生产流程,创业者也应当尽可能地把它们放到附录中去。

4. 前后一致

一般情况下,创业策划书各部分语言风格要统一,考虑到这些因素,有必要由一个人负责最后编辑、修改、定稿。

5. 版式美观

最后,创业者的创业策划书应当有统一的版面格式,要规范美观。

三、创业策划书的写作要求

1. 创业策划书基本方针

创业策划书的撰写方针主要归纳为四点,即:内容完整、逻辑清晰、深入浅出、客户导向。

(1) 内容完整:要求事项写够,内容写透。

(2) 逻辑清晰:撰稿中要十分注重文稿的逻辑性,即使在出稿后仍需反复推敲、再三修改、不断完善。

(3) 深入浅出:创业策划书所涉及的内容往往比较专业、新颖、独特,但写作过程中必须尽量将艰深难懂的想法、服务与程序以浅显的文字表现出来。

(4) 客户导向:创业策划书最好能"看客做菜","因事制宜"、因人制宜。行文的语调、章节的编排、数据的呈现、重点的强调等,需要针对创业策划书所要诉求的主要群体与标的做出适当调整。

2. 创业策划书的六大重点

撰写创业策划书,有必要突出六大重点内容,即:项目的独特优势、市场机会与切入点分析、问题及其对策、投入产出与赢利预测、如何保持可持续发展的竞争战略、风险应变策略。

除"六大重点内容"外,创业策划书在撰写过程中还要强化以下六大方面。

(1) 要对创业产品或服务的优势进行独到的说明。

(2) 要通过对创业项目的宏观环境和产业环境的分析,阐明创业者的市场地位,清楚阐明自己的竞争优势和劣势,明确经营战略目标。

(3) 要明确提出新创企业的营销战略和实施步骤。

(4) 要客观地说明可能遇到的风险和机遇。

(5) 要介绍精干的创业管理团队和严密的组织结构。

(6) 要明确新创企业财务控制制度,展示新创企业的理财特色。

四、创业策划书的基本内容

创业策划书的基本内容,一般可以包括保密承诺、项目概述、创业团队与组织结构、市场分析、项目定位与策略、生产和经营计划、市场营销计划、财务分析研究、总日程表、风险应变策略、成长与发展等内容。

1. 保密承诺

创业策划书中涉及大量商业机密,创业者必须谨慎地和投资家签订保密协议,以免商业秘密泄露。

2. 项目概述

这部分内容中主要要描述项目提出的背景,策划项目概念与构建独特优势,阐述项目成功的关键要素、资源、能力与竞争实力,分析资金保证条件与赢利预测等。

3. 创业团队与组织结构

这部分内容主要描述团队构成及其工作背景,设计创业企业组织结构,决定公司产权、股权结构等。

4. 市场分析

在这部分内容中,主要进行市场环境分析、消费者分析、产品竞争力分析、市场问题及其对策等。根据竞争状况,制定竞争战略。

(1) 市场环境分析

宏观环境分析:可以运用 PEST 模型。

行业环境分析:可以运用 SWOT 综合分析技术,找出市场空当,策划特色产品或服务。

竞争环境分析:可以运用波特模型,主要分析市场地位、市场障碍等。可以从直接竞争者和间接竞争者多方面展开分析。

(2) 消费者分析

现有消费者分析:包括现有消费群体的构成、消费行为和态度、使用习惯、主要问题点和主要机会点。

潜在消费者分析:包括潜在消费者的特性、购买行为和潜在消费者的品牌偏好以及机会点等。

(3) 产品竞争力分析

产品特征分析:包括产品的性能、质量、价格、材质、生产工艺、外观和包装;与同类产品的比较优势及现处生命阶段分析等。

产品品牌形象分析：包括企业赋予产品的形象特性分析和消费者对产品形象的认知分析等。

产品竞争力分析：运用SWOT分析法详细进行分析。

5. 项目定位与策略

这部分主要明确战略定位、市场定位、产品定位、传播定位等。

6. 生产和经营计划

每项生产经营活动都具有关联性，将每个业务单元有机地结合在一起，形成业务流程，就能很清晰地看到企业将概念产品到实物产品再到消费者手中的过程。为此，创业者需要设计一个最佳的业务流程体系。

7. 市场营销计划

这部分要始终瞄准1个中心——客户需求，沿着4条主线——产品、价格、宣传、渠道展开。策划方向是瞄准需求、刺激需求、满足需求；策划思路是寻找对象、吸引对象、牵手对象。

8. 财务分析研究

财务计划需要用实际数据说明盈亏问题。一般而言，创业策划书中财务分析研究部分需要包括：一份现金流量表（清偿力规划）、损益表、资产负债表；对未来三到五年的预测，至少要有一年是在实现收支平衡之后，即在有了正的现金流之后；最初两年内（每月或每季度）的详细的财务规划，其后每年进行一次；所有数据都必须基于合理的假设（在计划中只需要解释主要的假设）。

9. 总日程表

总日程表力求简洁明了，可以采用图表的方式来描述。填写一张按月排定的日程表，表上注明现实活动的时间安排：如产品开发、市场规划、销售计划、生产和运营等。

总日程表中可以列举一张里程碑表，说明重大事件的时间，如企业的组成、生产开始、第一批融资、收到的第一张订单等。

此外，还可以列举一些可能延误日程的因素，并策划好将采用什么样的解决方案。

10. 风险应变策略

这里主要策划外部风险应变策略和内部风险应变策略。

外部风险应变策略包括政策环境的变化、经济环境的变化、人文/风俗的抵触、科技的发展/专利与知识产权的保护等方面的对策。

内部风险应变策略包括资金的问题、市场的问题、管理的问题、公关的问题、人员的问题等方面的对策。

11. 成长与发展

这部分主要是策划企业发展之后，下一步要怎么办？三五年后如何？这也是创业计划书所要提及的。因为企业是要能持续经营的，所以在规划时要能够做到多元化和全球化。

12. 附录

附录在创业策划书中起到说明佐证的作用，是支持上述信息的资料。附录一般包括附件、附表和附图三个部分。

附件包括营业执照副本、董事会名单及简历、产品说明书、公司章程、市场调查分析资料、专利证书等。

附表包括产品目录、设备清单、损益表、现金流量表、市场调查表、资产负债表等。

附图包括企业的组织结构图、业务流程图、产品展示图等。

五、创业策划书的撰写和实施

1. 撰写创业策划书的三大原则

(1) 开门见山,直切主题;

(2) 尽可能地搜集更多资料;

(3) 评估创业立意。

2. 创业策划思考方法

(1) 收入成本法(适用于利润的预测和变动分析)

利润＝收入－成本;收入＝价格×销售量;成本＝固定成本＋可变成本

(2) 市场营销 4C(适用于销售状况的预测和变动分析)

消费者的需求(Consumer Needs Wants);

消费者愿意支付的购买成本(Cost to the consumer);

消费者购买产品/服务的方便性(Convenience);

与消费者的良好沟通(Communication)。

(3) 波特五大竞争作用力(适用于分析是否应当进入某个市场或产品领域,以及是否具有长期的竞争力)

包括行业内原有竞争、潜在竞争者、替代品竞争、供应商议价能力、购买者议价能力。

(4) 内部因素和外部因素(适用于分析各类经营问题)

外部因素:市场(趋势、细分市场、替代品),客户(需求、品牌忠诚度、价格敏感度),竞争对手(数量、市场份额、优势)。

内部因素:营运(生产效率、成本因素),财务(利润率、资金利用率、现金管理),产品(竞争优势、差异性)。

(5) 3C 综合法(适用于分析各类经营问题)

Company(公司):市场营销、生产运营、财务管理、战略规划;

Competition(竞争):行业竞争态波特五大作用力、竞争定位价格、质量;

Customers(客户):市场细分、容量、增长、变化趋势、价格敏感度。

3. 撰写创业策划书的基本步骤

(1) 前期准备

创业策划书的编写涉及的内容较多,因而制订创业计划前必须进行周密安排。主要有确定创业策划的目的与宗旨、制订创业策划编写计划、确定创业策划的种类与总体框架、制定创业策划书编写的日程安排与人员分工。

(2) 搜集资料

以创业策划书总体框架为指导,针对创业目的与宗旨,搜寻内部与外部资料。包括创业企业所在行业的发展趋势、产品市场信息、产品测试、实验资料、竞争对手信息、同类企业组织机构状况、行业同类企业财务报表等。资料调查可以分为实地调查与收集二手资料两种方法。实地调查可以得到创业所需的一手真实资料,但时间及费用耗费较大;收集二手资料较易,但可靠性较差。创业者可根据需要灵活采用资料调查方法。

(3) 形成策划书

创业策划书形成阶段要完成以下几项任务。

① 拟定创业执行纲要。

② 草拟初步创业计划。

③ 修改完善。

④ 计划定稿。

⑤ 最后定稿,并印制成正式创业计划文本。

六、创业策划书应注意的问题

(1) 注重团队合作。

(2) 务求切实可行。

(3) 评价要素科学。

创业策划评价要素一般包含如下一些内容。

(1) 创业计划报告的完整性。

(2) 方案可行性。

(3) 方案技术含量或创新性。

(4) 经济效益性。

(5) 资金筹措方案合理性。

(6) 市场前景。

七、创业策划的评价标准

创业策划的评价标准,视不同使用人的目标而有所不同。在此主要描述创业风险基金或投资人角度的评价标准。下面按百分制给出一个参考标准。

(1) 摘要(10分):简洁明了,突出重点,语言有感染力,内容有吸引力。

(2) 创业公司(5分):明确企业性质、背景、现状和所有权,具有创业理念和战略目标。

(3) 产品服务(10分):产品描述清楚,产品的商业价值,产品与客户需求,开发能力。

(4) 市场分析与营销策略(10分):包含STP和4PS。

(5) 生产管理(10分):生产计划。

(6) 管理团队(10分):介绍关键管理员,组织结构,角色分配,管理职责和管理能力。

(7) 财务分析(10分):损益表、资产负债表、现金流量表等齐全,且有理有据。

(8) 融资回报(10分):介绍利益分配、投资回收和退出战略。

(9) 可行性(20分):市场机会、竞争优势、管理能力、财务预算和投资潜力五方面分析可行性。

(10) 计划书写作(5分):简洁明了,不冗余。

第二部分　案例分析

案例一　未等出征先胜定

17岁的北京高中女孩孙鑫雨，以出色的"水晶水果吧商业计划书"与世界各国的25名青少年共同赢得了全球创业精神大奖。在25名获奖者中，孙鑫雨年龄最小。2005年4月26日，孙鑫雨和她的母亲受邀参加了在美国纽约举办的美国国家创业指导基金会第12届年度创业精神颁奖晚会。

在纽约度过"五·一"长假回北京后，孙鑫雨第一时间接受了记者的采访。记者递过名片后，意想不到的是，孙鑫雨也递上自己的名片，名字的后面是"店长"，店的名称是"北京市克里斯多尔水果吧"，经营项目包括"自助水果餐、水果冰淇淋和水果鲜榨汁"，名片上还包括有自己在世界创业实验室的电话、电子邮箱以及假定的店址。

原来，这是孙鑫雨专门为配套商业计划书制定的名片。据孙鑫雨介绍，她还制作了许多推广"水果吧"的海报。

"在美国的7天，我一直激动、兴奋。"孙鑫雨说，通过获奖和出国，开阔了眼界，同时，也从其他获奖者的商业计划书中学到了很多。"也许某一天我真的会去创业，把我的商业计划书付诸实施。"

据此次活动的举办方之一——北京光华慈善基金会的创业培训部经理方昱南介绍，2004年7月，孙鑫雨在学校的推荐下参加了由美国国家创业指导基金会（以下简称NFTE）、北京光华慈善基金会（以下简称BCF），以及北京市崇文区妇联共同举办的"首届中国青年创业夏令营"活动。

夏令营期间，NFTE认证创业教师将商业知识教授给了40多个中国孩子。通过组织形式多样的谈判、销售、企业参观、创业者演讲、小组讨论以及商业计划书演示等活动后，教师要求孩子们试着撰写商业计划书。

孙鑫雨通过对学校以及周围的餐厅实地调查发现，许多学生在校内或者校外吃午饭，这些地方都不提供水果，而学生有午餐后吃水果的需求。因此，她找到的商机是"在学校旁边开一家水果吧，解决学生吃水果难的问题"。孙鑫雨做出了一份详细的"水晶水果吧商业计划书"，里面包括财务规划，如创业成本、月度销售预测、利润情况等，以及详细的宣传推广计划。

方昱南说，孙鑫雨完成的商业计划书想法独特、可操作性强，于是，BCF将她的商业计划书送交NFTE参加全球优秀商业计划书评奖活动。在全球150多个参选者，孙鑫雨最终脱颖而出，成为了全球创业精神大奖的获奖者之一。

"这个活动和这次获奖改变了她的性格。"孙鑫雨的母亲连丽娟高兴地说。

孙鑫雨可以说是生活在一个贫困家庭，母亲早年下岗，父亲患有慢性病，贫困造成了她性格内向，有时自卑。"这次获奖后，感觉她容光焕发，比以前自信多了。"她的母亲非常欣慰。

（资料来源：梁国胜.中国青年报[N].2005-5-16记者）

思考题

1. 什么是创业策划书？
2. 创业策划书有什么作用？

案例二　草率上阵食苦果

穆波是个时尚前卫的女孩，思想活跃，人脉关系丰富。正是对自己的独到能力特别自信，因此，在大学毕业后，学工商企业管理的穆波没有急着找工作，而是找到了风险投资公司给予投资，自己创办公司当起了老板。

不料，公司刚开业后不久，各种各样的问题接踵而至：如招不到同甘共苦、志同道合的员工，顾客数量达不到预期，消费者要求苛刻，买主长期拖欠货款，房东老板不守信用等。总之，此起彼伏的问题让穆波整天忙得像消防员一样。半年后，穆波深感心力交瘁，最后忍痛割爱关停了公司。

说起自己的当老板经历，刚败下阵时的穆波脸上并没有失败者的颓唐和消极。"如果我的房东不那么狠，也许我的公司会很红火。"

公司停业后，穆波也认真地想过自己失败的原因，她认为：首先是自己找店铺的时候操之过急，没有认真考虑店铺的位置；第二个致命硬伤就是在租用店铺的时候，没有和房东订立合同；第三就是在出现问题时，没有积极地想对策，而是用一种很消极的方式去解决。

穆波告诫那些刚刚跨出校门准备自己开店的创业者：创业如同驾驶汽车，技术不过硬而草率上路，其结果是一遇到复杂的交通路况就手忙脚乱。作为一名学生，社会阅历毕竟还是少，难免会在创业中遇到挫折，尤其在人际关系上，在遇到问题时，千万不能冲动，要有心理上的承受能力，失败了也不要气馁，要及时总结，这样才能在以后的创业中更加成熟。

痛定思痛，穆波认识自己原来分析的那些失败的原因，其实都只是认识了表层；深层原因是，自己当时没有全面而系统地做创业策划。

后来，穆波建议那些想创业的年轻人，最好先将自己的创业梦想做一个全面而系统的梳理，可能的话先将自己的梦想储存几年，先从别的地方学习经验，等有了全面的操控能力后，再考虑自己的创业计划。

思考题

如何使创业策划书成为创业行动的纲领性文件？

第三部分　实训操作

一、模拟实训

（一）实训项目

写一份创业策划书。

（二）实训目的

通过这项实训活动,让学生重点练习创业项目赢利模式与市场推广模式的设计,掌握创业项目的商业化策划技能,学会全面、系统地规划项目的各项工作,全面、系统地论证项目的可行性,并综合复习和检验专业课的学习成果。

（三）实训过程

1. 实训方式

以小组或个人为单位,采取角色模拟的实训方式。

2. 实训场地

利用教学时间,在班级课堂内与学校附近的企业、市场中进行。

3. 实训具体情景

（1）首先采取自愿或指定方式,以3～5人为一组,组建若干项目创业团队。

（2）以小组为单位,在创业团队推选"公司"领导人,并对每个人定岗定职。

（3）各小组分解策划任务,任务到人,并由"公司"领导人提出任务日程。

（4）由各模块负责人分别主持不同模块的策划会议,提出所承担模块的策划思路,并按照分工协作的原则,人人均参与不同模块的讨论。

（5）分工协作实施策划,并形成文稿。

（6）"公司"领导人对策划文稿进行修订,并形成规范的《创业策划书》。

（7）"公司"领导人主持《创业策划书》审查会议,按规范化要求以实战标准从整体上严格推敲各模块。

（8）"公司"领导人重新修订《创业策划书》,并定稿上交。

（四）实训总结与评估

（1）由教师找4名学生做评委,给每组打分,并说出打分的理由。（满分100分）

（2）由教师根据综合情况给每组加减分,评出名次。

（3）教师做出点评,并总结本次实训得失。

（五）评价创业策划书注意问题

（1）"书"中是否清晰地描述出创业构想？创意是否明确？文字是否精炼？

（2）创业团队是否真正了解所从事的行业？行业内的诸如价格、销售、管理费用、行业标准、竞争优势等是否都清楚？

（3）所涉及策略市场上是否有成功的先例？

（4）创业策划经得起时间考验吗？

（5）创业策划是为自己还是为别人所做？创业团队是否打算在今后 5 年或更长时间内，全身心地投入到这个计划的实施中去？

（6）有没有一个涉及诸如供应商、承包商、咨询专家、雇员等方方面面好的商业关系网络？

（7）创业团队的指导思想是否单纯追求利益？是否明白潜在的回报？

（8）创业团队是否有能力解决创业项目所必需的条件？

（六）实训样例

创业项目策划书（模板一）

项目名称：_____
主要业务：_____
团队成员：_____
联系地址：_____
联系电话：_____
电子邮件：_____
提交日期：_____

一、摘要

（1）项目基本情况（项目名称、启动时间、主要产品/服务、目前进展）。

（2）主要管理者（姓名、性别、学历、毕业院校、毕业时间、主要经历）。

（3）研究与开发（已有的技术成果及技术水平、研发队伍技术水平、竞争力及对外合作情况，已经投入的经费及今后投入计划）。

（4）行业及市场（行业历史与前景，市场规模及发展趋势，行业竞争对手及本项目竞争优势）。

（5）营销策略（在价格、促销、建立销售网络等各方面拟采取的措施）。

（6）产品生产（生产方式、生产工艺、质量控制）。

（7）财务计划（资金需求量、使用计划，拟出让股份，未来三年的财务预测和投资者回报）。

（8）组织机构（用图来表示）。

（9）准备经营的主要业务。

（10）赢利模式（详细说明本项目的商业赢利模式）。

（11）未来 3 年的发展战略和经营目标（行业地位、销售收入、市场占有率、产品品牌等）。

二、管理层

（1）成立公司的董事会（董事成员的姓名、职务、工作单位和联系电话）。

（2）高管层简介：董事长、总经理、主要技术负责人、主要营销负责人、主要财务负责人（包括姓名、性别、年龄、学历、专业、职称、毕业院校、联系电话、主要经历和业绩、在本行业内的主要管理经验和成功案例）。

（3）激励和约束机制（公司对管理层及关键人员将采取怎样的激励机制和奖励措施）。

三、研究与开发

（一）项目的技术可行性和成熟性分析

1. 项目的技术创新性论述

（1）基本原理及关键技术内容。

（2）技术创新点。

2. 项目成熟性和可靠性分析

（二）项目的研发成果及主要技术竞争对手（产品是否经国际、国内各级行业权威部门和机构鉴定；国内外情况，项目在技术与产品开发方面的国内外竞争对手，项目为提高竞争力所采取的措施）

（三）后续研发计划（请说明为保证产品性能、产品升级换代和保持技术先进水平，项目的研发重点、正在或未来3年内拟研发的新产品）

（四）研发投入（截止到现在项目在技术开发方面的资金总投入，计划再投入的多少开发资金，列表说明每年购置开发设备、员工费用以及与开发有关的其他费用）

（五）技术资源和合作（项目现有技术资源以及技术储备情况，是否寻求技术开发依托和合作，如大专院校、科研院所等，若有请说明合作方式）

（六）技术保密和激励措施（请说明项目采取那些技术保密措施，怎样的激励机制，以确保项目技术文件的安全性和关键技术人员和技术队伍的稳定性）

四、行业及市场

1. 行业状况（发展历史及现状，哪些变化对产品的利润和利润率影响较大，进入该行业的技术壁垒、贸易壁垒、政策导向和限制等）。

2. 市场前景与预测（全行业销售发展预测并注明资料来源或依据）。

3. 目标市场（请对产品/服务所面向的主要用户种类进行详细说明）。

4. 主要竞争对手（说明行业内主要竞争对手的情况，主要描述在主要销售市场中的竞争对手，他们所占市场份额，竞争优势和竞争劣势）。

5. 市场壁垒（请说明市场销售有无行业管制，公司产品进入市场的难度及对策）。

6. SWOT分析（产品/服务与竞争者相比的优势与劣势，面临的机会与威胁）。

7. 销售预测（预测公司未来3年的销售收入和市场份额）。

五、营销策略

1. 价格策略（销售成本的构成、销售价格制订依据和折扣政策）。

2. 行销策略（请说明在建立销售网络、销售渠道、广告促销、设立代理商、分销商和售后服务方面的策略与实施办法）。

3. 激励机制（说明建立一支素质良好的销售队伍的策略与办法，对销售人员采取什么样的激励和约束机制）。

六、产品生产

1. 产品生产（产品的生产方式是自己生产还是委托加工、生产规模、生产场地、工艺流程、生产设备、质量管理、原材料采购及库存管理等）。

2. 生产人员配备及管理。

七、财务计划

1. 股权中小企业融资数量和权益（希望创业基金参股本项目的数量，其他资金来源和额度,以及各投资参与者在公司中所占权益)。

2. 资金用途和使用计划(请列表说明中小企业融资后项目实施计划,包括资金投入进度,效果和起止时间等)。

3. 投资回报(说明中小企业融资后未来3~5年平均年投资回报率及有关依据)。

4. 财务预测(请提供中小企业融资后未来3年项目预测的资产负债表、损益表、现金流量表,并说明财务预测数据编制的依据)。

八、风险及对策

1. 主要风险(请详细说明本项目实施过程中可能遇到的政策风险、研发风险、经营管理风险、市场风险、生产风险、财务风险、汇率风险、对项目关键人员依赖的风险等)。

2. 风险对策(以上风险如存在,请说明控制和防范对策)。

创业项目策划书(模板二)
"点子"便您店创业经营策划书(实例)

一、前言

在这个"人才至上"的年代,为了迎接未来的挑战,作为当代社会的大学生为了能够在未来的生活中占有一席之地,必须提前做好准备,给自己充电。

当然,锻炼自我的方法有很多,例如,可以出去实习,也可以在上课之余做些兼职以填补自己的开销费用,但是在这个要求严格的时代我们必须力主创新,独树一帜。只有这样才能顺应社会的发展,才能更好地为泰州做贡献和为建设和谐社会奉献出自己的一份力量。

当今社会,在校大学生自主创业也成为大学生发展自我,增加经验的一种趋势,这种行为不但可以锻炼自我、磨炼意志、积累经验,同时还可以通过自己的努力,为父母减轻一些负担。因此,我们应顺着这种趋势不断摸索、探求,在坚持原则的基础上以更好更多的实战经验去迎接未来的挑战!

为此,我们打算建立一个"点子"便您店,既方便他人,也满足自己,从更大的方面跟上时代的步伐,促进社会的发展!

这是个知识的时代,但是这个时代更加需要人才,只要您愿意,没有什么不可以,相信自己——路是自己走出来的!

二、创业背景

(1)时代的变迁赋予了当代大学生不一样的含义,也给予了当代大学生不一样的生活和思想,不同的追求,享受生活的方式自然也不同。科技不断地进步,生活水平的不断提高,人类惰性的潜能又被激发出来,使得一部分大学生宁愿花钱也不愿意自己动手做一些事情,有些时候急于需要一个"帮手"来帮他们完成所要做的事情。

(2)一部分大学生为了锻炼自己,增加实践经验,不惜耗掉了自己课余之外的所有时间来参加学校里的活动。所以很多事情自己没办法也没时间去完成。

三、创业目的

(1)众所周知,在大学校园里,实践远比理论更重要,这就需要一个平台来让我们不断学习、锻炼和展现自我、从而增加能力。

(2) 勤工助学是我们很多大学生都想做的事情,一来可以减轻父母的负担,二来也可以向他人证明自己的自立与成长,但是据我所知,校内能提供的勤工助学岗位是非常有限的。这就使得我们只有通过自己的努力来打开另外一种勤工助学的渠道,以便真正做到自立自强!

四、经营项目及内容

1. 经营内容

主要是帮助一些没时间或不愿意自己出面去完成工作、任务、及人际交流的同学完成他们的愿望,作为他们的一个"帮手"来认真努力完成他们所要求完成的事情。

2. 主要项目

(1) 代办PARTY策划:根据所需者的个人需要(包括场地、时间、操办等级、风格等方面),进行生日聚会、同学聚餐、男女约会等项目的策划,并按时、按要求完成任务。

(2) 代写文字方案:可以替那些有想法但无法用文字表达的需求者写文字方案,包括策划书、通知、海报、申请书等一系列应用文体。

(3) 代取物品:代替一些不想把时间浪费在路上的同学取些所需物,并且代保管(保管另外收取费用)。

(4) 代沟通交流:大学犹如小社会,同学、朋友间很容易闹些别扭及不愉快,但是由于自尊心作怪,始终无法先开口解开疙瘩,这时我们就可以代替需要者,作为中介人进行帮助沟通交流,使得原本不畅的关系得以调解。

(5) 代出点子:吸取各方优良经验,为一些在生活、学习、感情上遇到困难的求助者提供有建设性的点子,从而为需求者排忧解难。

五、经营原则

(1) 真实原则:对求助者以礼相待,不欺不瞒,友善平等。"顾客是上帝"在这里不再是空洞的说教,而是一种真实的感受。

(2) 互利原则:在真诚的基础上,做到主顾双方平等互惠。

(3) 科学性原则:保证为求助者所提供的策划,方案科学可靠,真正做到切实可用。

六、服务群体

(1) 学习工作繁忙,无闲暇时间的人群。

(2) 时间紧迫,求助无门的人群。

(3) 力主创新,个人能力单一的人群。

七、市场分析

(1) 在大学的校园内外,至今还没有这方面的经营店。所以在市场竞争上,我们处于一个相对的优势位置。但是,又将面临着如何打开市场的问题。在一定程度上,很多同学都会存在戒备的心理,所以一个创新的有说服力的广告宣传是必要的。

(2) 另外,大学本来就是个人才济济的地方,因此我们要拿出有威望、有质量、真正有效的"点子",必须先着手树立一个良好的形象,以便更快打开市场。

八、经营策略

(1) 人力上：集纳高思维、有独特创新思想的人才进入；同时，员工必须要有吃苦耐劳的精神。在此基础上采取有秩序的管理模式。

(2) 宣传上：开业期间可在资金允许的基础上，发放大量的宣传单，先吸引群众的眼球，打入寝室内部做宣传。

(3) 经营上：为了弥补资金上的缺乏，可同时在店内附上打印、复印业务，这不仅可以增加收入，还可以在一定程度上增加知名度，让前来打印和复印的同学了解本店的业务范围，扩大宣传面。

(4) 策略上：开业期间可采取五折优惠、免费服务等业务。

(5) 店面上：店面需设在引人瞩目的地方，店面设计上需新颖独特，体现智慧形象。

(6) 设备上：需要两台电脑、打印机、复印机、电话、桌椅及微小办公用品。

九、经费来源及分配

1. 来源

起初，采取入股制，自备电脑等大件物品；打印机、复印机可以先购二手的以节省资金。

2. 分配

(1) 月基本工资分配标准：每月月底将净剩收入的百分之八十按入股金额的比例发放给员工。

(2) 每月提成分配标准：按个人接受项目、完成项目及顾客的满意度分配，将员工的个人业绩分为甲、乙、丙三个等级，从而分配提成。

十、收费标准

(1) 代办PARTY策划：按策划的难易程度收费，基本费为5元，然后按难度稍做调整，其余按顾客满意度自行付费。

(2) 代写文字方案：按字数要求付费，基本费为2元，然后按难度稍做调整。

(3) 代取物品：按路途遥远程度及物品重量收取费用，基本费为2元，然后按难度稍做调整，且代保管，保管另外收取费用，平均1元/天。

(4) 代沟通交流：根据最终调节程度及顾客满意度收取费用，基本费为2元，且第一次调解失败，可免费进行第二次调节，直至顾客满意。

(5) 代出点子：基本费用为2元，如对所需者无用，可免去收费。

十一、预想问题及解决办法

在服务过程中，可能会出现顾客因不满意而要求赔偿的事宜，为此，我们必须坚持"顾客是上帝"的原则，尽量满足顾客的合理要求。

在服务过程中，也可能出现这样的情况，因为本店的失职，导致延误顾客需求项目的进行，这时，我们必须向顾客道歉，并免去收取费用，且承诺下次免费为该顾客服务一次。

创业项目策划书(模板三)
(适用于微小项目)

封面

```
                    创业策划书


         企 业 名 称：_____

         创业者姓名：_____

         日    期：_____



         通信地址：_____
         邮政编码：_____
         电    话：_____
         传    真：_____
         电子邮件：_____
```

目录(略)

内容

主要内容如下：

_____

一、企业概况

1. 主要经营范围：

_____

2. 企业类型

生产制造；零售；批发；服务；农业；新型产业；传统产业；其他

二、创业计划作者的个人情况

1. 以往的相关经验(包括时间)：

_____

2. 教育背景,所学习的相关课程(包括时间):
_____
_____

三、市场评估

1. 目标顾客描述:
_____

2. 市场容量或本企业预计市场占有率:
_____

3. 市场容量的变化趋势:
_____

4. 竞争对手的主要优势和劣势:
_____

5. 本企业的主要优势和劣势:
_____

四、市场营销计划

1. 产品

产品或服务	主要特征

2. 价格

产品或服务	成本价	销售价	竞争对手的价格

折扣销售	
赊账销售	

3. 地点

(1) 选址细节

地址	面积(平方米)	租金或建筑成本

(2) 选址原因
_____

(3) 销售方式

将产品或服务销售或提供给:最终消费者;零销商;批发商

4. 促销

人员促销		成本预测	
广告		成本预测	
公共关系		成本预测	
营业推广		成本预测	

五、企业组织结构

1. 企业注册成

个体工商户；有限责任公司；个人独资企业；合伙企业；其他_____

2. 拟议的企业名称：_____

3. 企业的员工（附企业组织结构图和员工工作说明书）

职务   月薪

业主或经理   _____

员工   _____

4. 企业将获得的营业执照、许可证：

   类型   费用

_____   _____

5. 企业法律责任（保险、员工的薪酬、纳税）

   种类   费用

_____   _____

6. 合伙（合作）人与合伙（合作）人协议：

内容\条款 \ 合伙人				
出资方式				
出资数额与期限				
利润分配和亏损分摊				
经营分工、权限和责任				
合伙人个人负的责任				
协议变更和终止				
其他条款				

六、固定资产

1. 工具和设备

根据预测的销售量，假设达到100%的生产能力，企业需要购买以下设备。

名称	数量	单价	总费用（元）

供应商名称	地址	电话或传真

2. 交通工具

名 称	数量	单价	总费用(元)

供应商名称	地址	电话或传真

3. 办公家具和设备(同上)
4. 固定资产和折旧概要

项 目	价值(元)	年折旧(元)
工具和设备		
交通工具		
店铺		
厂房		
土地		
合计		

七、流动资金(月)

1. 原材料和包装

项 目	数量	单价	总费用(元)

供应商名称	地址	电话或传真

2. 其他经营费用(不包括折旧费和贷款利息)

项 目	价值(元)	年折旧(元)
业主的工资		
雇员工资		
租金		
营销费用		
公用事业费		
维修费		
保险费		
登记注册费		
其他		
合计		

八、销售收入预测

销售情况	月份	1	2	3	4	5	6	7	8	9	10	11	12	合计
(1)	销售数量													
	平均单价													
	月销售额													
(2)	销售数量													
	平均单价													
	月销售额													
(3)	销售数量													
	平均单价													
	月销售额													
(4)	销售数量													
	平均单价													
	月销售额													
合计	销售总量													
	销售总收入													

九、销售和成本计划

金额(元) 月份 项目		1	2	3	4	5	6	7	8	9	10	11	12	合计
销售	含流转税销售收入													
	流转税(增值税)													
	月销售额													
成本	业主工资													
	员工工资													
	租金													
	营销费用													
	公用事业费													
	维修费													
	折旧费													
	贷款利息													
	保险费													
	登记注册费													
	原材料(列出项目)													
	(1)													
	(2)													
	总成本													
利润														
税费	企业所得税													
	个人所得税													
	其他													
净收入(税后)														

十、现金流量计划

金额（元）\项目		月份	1	2	3	4	5	6	7	8	9	10	11	12	合计
现金流入		月初现金													
		现金销售收入													
		赊销收入													
		其他现金收入													
		可支配现金（A）													
成本		现金采购支出(列项目)													
		（1）													
		（2）													
		赊购支出													
		业主工资													
		员工工资													
		租金													
		营销费用													
		公共事业费													
		维修费													
		贷款利息													
		偿还贷款本金													
		保险费													
		登记注册费													
		设备													
		其他（列出项目）													
		税金													
		现金总支出													

二、管理游戏

游戏一　商战

【项目简介】

游戏目的：通过本项目的实施,锻炼学生团队的组织能力、市场的应变能力、思维的反应能力。

人数：全班同学。

时间：35分钟。

场地：班级教室。

【游戏规则】

(1) 5~8人组成一个公司,每个公司需要取名。公司成员自由组合,根据竞争需要,人数最少的公司可能被解散,合并到其他公司;大公司也可能一分为二,请听从指挥。

(2) 每个公司期初资产相等(从教师或主持人处领取),通过交换,活动结束后统计经营情况,期末资产多者为优。

(3) 交易方式不限,可以在任何公司之间交易,唯一原则就是在双方自愿的情况下交易。用一个产品换多个产品也可以。

(4) 为了防止市场垄断,交易前不准交流,各公司信息保密,违者扣分。

(5) 筹建公司及确定经营计划时间为15分钟,交易时间为20分钟,各公司在同一时间结束。

【训练步骤】

1. 确定本公司的经营计划(15分钟)

(1) 一种主导产品(10分钟)。

(2) 一种辅助产品(3分钟)。

(3) 一种一般产品(2分钟)。

讨论结果属公司内部秘密,选择一个与其他公司不重复的主产品是非常重要的。

2. 填写公司经营计划书,交给主持人,然后领取原始资产,经营计划书必须包括以下内容

(1) 公司名称;

(2) 主导、辅助、一般产品的确定;

(3) 小组成员姓名、专业小班及学号。

代码	1	2	3	4	5	6
产品	牛	猪	羊	鸡	兔	狗

注：游戏道具可用扑克、写代码的塑料片和小纸片。

3. 15~20分钟后,统一进入交易阶段

4. 交易20分钟后,第一轮结束后,各公司统计业绩;进入经验总结阶段

5. 若时间允许,可以继续第二次创业,即可变换品种或其他双赢的方法

【相关讨论】

由各公司派代表陈述他们的策略、动作方式及经验：

(1) 当发现主产品与其他公司的重复时,下单要快；

(2) 当发现主产品有数家可选择的产品时,下单要慢,可以一换多；

(3) 可以重组,进入前几名；

(4) 可以做中介,赚取信息费。

【游戏总结】

(1) 通过这商战游戏,可以让学生知道如何进行团队组织、产品开发、市场交易等过程,提高实战能力。

(2) 可以运用"别向"思维避免与其他公司产品重复。

例如,某组每个人填了一张选单,把自己的主导产品,辅助产品都罗列出来。注意：关键在于每个人都是不与他人讨论而按自己的喜好独立选择,然后进行统计,选择一件其他6个人都没选中的产品——因为既然他们都没想选择它,其他小组选择的可能性也同样小。事实证明他们是正确的,全班只有他们一个组以此为主导产品,没有发生"碰车"现象,这就是"别向"思维。

【教师过程控制注意事项】

(1) 每组游戏要同时开始、同时结束。

(2) 让各公司(组)保密,交易前不准交流,并记牢自己选择的产品。

(3) 可以叫二位同学监督交易过程,并帮助事后给各公司统计分数。

(4) 给各组成绩排序,1/3 为 A,1/3 为 C,其余为 B。

(5) 组数控制(每组 5～6 人为宜；减少产品数是为了让竞争更激烈)。

组数	产品(只)	件/产品	每组原始资产
20	6	3	1～6 各 3 张,共 18 张牌
8 组以上	6	3	1～6 各 3 张,共 18 张牌
7	5	3	1～5 各 3 张,共 15 张牌
6	4	4	1～4 各 4 张,共 16 张牌
4	3	3	1～3 各 3 张,共 19 张牌

(6) 经营计划书参考格式。

组别_____ 公司名称_____

选择打勾	鸭	牛	鹅	猪	狗	羊	鸡	兔	单价
主导产品									10 元
辅助产品									7 元
一般产品									5 元
仓储单位成本	0.8	4	1	3.5	2	3	0.5	1.5	元
交易结果(只)									只
仓储总成本									Σ
交易价值									Σ

三、参观走访

【走访对象】

校外一家企业。

【实训目的】

了解该公司创业及运营情况。

【实训内容】

(1) 在学校不远处(车程在1小时之内)选择一家企业进行走访。

(2) 了解这家企业的主产品是什么,创业初始是如何选择这项目的?

(3) 访问创业初期的创业团队是如何组织起来的?

(4) 了解创业资金是怎么来的?

(5) 访问创业初期的效益预测情况?

(6) 访问创业前期3~5年的主要效益指标实现情况。

【实训要求】

每组提交一份走访情况总结。

【实训考核】

教师对学生的走访情况总结进行批阅打分,并加以总结。

四、辩论互动

【题目】

创业易、创业难。

【实训目的】

(1) 了解创业的基本思路。

(2) 能全面地进行创业过程分析。

【实训内容】

(1) 将班级学生按"创业易"和"创业难"观点分为正方和反方两组。

(2) 然后以相同人数选出代表开展辩论。

(3) 之后归纳出主要观点。

【方法与要领】

(1) 正、反方各一组,每组6名同学,全班分正方与反方两组展开辩论。

(2) 正方持非常重要观点进行论述。

(3) 反方用可有可无的观点反驳正方论点。

(4) 正、反双方在辩论中,既要回答对方的提问,也要向对方提出疑难问题,要求答辩。

(5) 正、反双方举例鲜明生动,分别形成简要书面辩论材料,呈报教师或评委。

【成绩测评】

由教师、学生组成评委组评判辩论结果。

参考文献

[1] 〔美〕加雷斯·琼斯,珍妮弗·乔治,查尔斯·希尔.当代管理学[M].北京:人民邮电出版社,2003.
[2] 杨文士.管理学原理[M].北京:中国财政经济出版社,2003.
[3] 单凤儒.管理学基础[M].北京:高等教育出版社,2004.
[4] 田玉兰,王豪杰.管理学基础[M].北京:北京交通大学出版社,2006.
[5] 周三多,陈传明等.管理学原理与方法编[M].第五版.上海:复旦大学出版社,2009.
[6] 哈罗德·孔茨,海因茨·韦里克.管理学精要[M].第六版.北京:机械工业出版社,2006.
[7] 张满林.管理学—技能与实务[M].北京:中国经济出版社,2010.
[8] 百度文库 http://wenku.baidu.com/.